JUGOSLOVENSKA KINOTEKA

SHIRA WOLFE

JUGOSLOVENSKA KINOTEKA
scenes in poetry

Translated to Serbian
by Shira Wolfe and Marko Mladenović

To Belgrade
my people
and the košava wind

sitting in the front row of Jugoslovenska Kinoteka
I see myself seven years ago
at the back of the cinema

ORIGAMI MOCKINGBIRDS

In my dream
Vedrana and I walk together.
A group of men torments her.
They are forcing her to walk,
to walk to the water,
to walk the plank.
To perform a pirate ritual –
walking the plank and drowning in the ocean.
I accompany her.
We walk towards the water.
We pass a fruit orchard.
She is almost in tears.
We see luscious quince trees.
We stop in front of one
and find countless little mockingbirds sitting in the tree.
The birds seem as though folded from paper.
Origami mockingbirds.
I reach out my arm.
Two birds fly over and perch there,
soft and delicate.
I tell Vedrana to wait here
a while with me
before the ritual.
We reach out our arms.

Mockingbirds on our hands
our arms
shoulders
nestling in our necks.
Singing soft songs.
The birds, invisible to others,
are visible to us.
Vedrana is released
from the ritual.
No longer needing to walk the plank.
The mockingbirds
have set her free.

red Balkan sun
sinking sped-up
behind the concrete of New Belgrade

MAY

I meet her in a bar in May
where I've come to drink with Srđan,
an incidental new friend.
She speaks to him,
hushed, urgent Serbian,
then asks us to join her at another bar.
Speaking softly on the side, Srđan tells me
her husband left the night before.
She is searching the city for him.
He has disappeared.
We drink beer, she drinks wine.
Whenever I want to light a cigarette,
she takes it from me,
lights it between her lips
and gives it back to me.
We dance.
She cries on our shoulders.
We hug.
I don't know her
but I know her.
We go home with her.
We drink more wine.
We take Polaroid pictures.
He is touching her now.

She is wasted, she is breaking.
I tell him to stop.
Her eyes are closed.
Now is not the time for this.
He doesn't understand why.
He's indignant like a spoiled child.
He asks me what he did wrong.
I take her to bed, she wants us both to stay.
So with him on her right, me on her left,
we fade into spring sleep.
His touch tracing our disregarding bodies,
which instead hold on to each other.
Her sticky tears
soak through red lips,
her short black hair,
my skin.
In the morning he is the first to leave.
When we rise we find
that our pictures are gone,
the only souvenir he could take from us.
She and I spend all our nights together
from that night onwards.
And he does not return.

this God
is emotionally unsatisfying
here our nights are always long

MAGIC GARDEN

It's my first last night in Belgrade –
I'll have many more of these.
I'm moving away for now,
and my friends all fear
that I'm never coming back.
This city has crawled under my skin,
yet something tells me
if I stay without a plan,
maybe all I'll do is dream.
I dine with the Ambassador of Palestine,
say goodbye to DAH Theatre
– a theatre troupe whose name means breath –
watch a play at Bitef Festival,
and Boris picks me up at the National Theatre
to walk to lower Dorćol
to Andrej and Vanja's place.

I once met a boy
who didn't wish to speak about the past.
He only wanted to talk and write about
what would happen in the future,
in two weeks' time,
when he said his friend, or enemy,
would arrive in his town.

If I had spoken about my future then
like this boy spoke to me of his,
I'd have said that in just a few months
I would return to Belgrade,
and Boris would gift me a copy of
Solaris by Stanisław Lem,
and inscribe it with the words:
'Dear Shira,
"This God is emotionally unsatisfying – Carl Sagan"
from Boris.'
And Boris and I would go for evening walks around Belgrade
and sit at the Intergalactic Diner in Vračar,
and talk about philosophy and love and outer space,
and about his childhood in Germany during the war,
and his deep wish for fatherhood,
and he would tell me about the witches in Eastern Serbia,
and he would promise to take me someday
during their springtime ritual days.
And I'd say that Vanja, Andrej and I would start to drive,
they lived to travel just like me.
We would drive to Berlin
and back to Belgrade,
we would drive to Poland by mistake,
we would drive to the Bela Crkva lakes,

we would drive through Balkan dusk
and Balkan dawn,
and in a distant future close to now
we would even end up driving through the California desert,
miles and miles and miles from home.
We would drive to bars that called our names,
we would drive to monuments of pain,
we would drive the highways
of former Yugoslavia,
music waiting with us at the border,
coffee waiting at petrol stations,
and our lives would unfold
in detailed stories
as we drove and drove
and drove those roads.

Vanja lost her home
as a girl in '91.
The war was heating up
and she was told to flee to Belgrade,
where years later she met Andrej
in the underground punk scene.
Andrej can drive all day, all night,
stoically, alert and full of life.

Then his stories start to come,
family traumas
he doesn't quickly share.
These two carry many people's pasts,
but never burden others
with the toll that this can take.

What is happening back here now is a wish
to extend this last night at length.
We drink wine and recline
in armchairs and on the floor.
We talk of places we will go,
all the places we will go,
and the history of Yugoslavia,
which Andrej tells so well,
and the philosophy of space,
which Boris calls to mind,
and the call to the mountains and the sea
described by Vanja and me.
Indian summer is holding us
and we finally move to Magic Garden with more friends,
a hidden late-night bar in an old shopping complex
near Republic Square.
In the corner of the bar,

Vanja, Andrej and Boris see
a man they call Mr. Robot.
For the rest of us this rings no bells
and we later gather he's an actor by the name of Rami Malek,
who acted in the hit TV show *Mr. Robot*.
When Magic Garden closes,
Vanja and Andrej invite Mr. Robot to join us at their place,
and though his companion refuses at first
he is easily convinced,
and she and he come along
for a classic Belgrade night.
For the occasion,
we break out the last of the homemade cherry rakija.
I can tell as we talk that Mr. Robot is high.
His altered state eludes the others.
We talk of American politics
(it's the fall of 2016)
and exchange contacts to look each other up
if we're ever in LA.
He is taken with Vanja's beauty
and is touched by our close friendship.
His Belgrade companion shares my birthday,
she is eager to go away with him,
but as I talk more with her she starts to confide in me

about their surprising connection and one-night love.
It's a perfect night of friends and strangers,
Belgrade stars and a Hollywood star,
drinking up time
to let the night not end.
At 6 am a sudden power cut surprises us.
The music stops, the lights go out,
total darkness washes over us.
We light candles and when we have restored some light,
our nighttime guests are already on their feet
about to take their leave.
It's time to usher Mr. Robot away,
back to his hotel and his Hollywood life.
We hug goodbye and we stay behind,
drunk on cherry rakija and our Magic Garden night.

The sun has risen and I leave to catch my flight.
I watch Belgrade and my people fade away beneath the clouds.
But I will always return to Belgrade.
Even now, I will always return.
Even after friends who loved each other
have broken each other's hearts
and turned from sweet cherries to sour,
from *trešnja* to *višnja*,

I will always return.
The city of white
always needs new light.

there is a place
where poems free Palestine
where scents bring back their homes

TRACING DARWISH

In search of Darwish's Palestine
I echo his senses:

He says:
'Cities are smells: Acre is the smell of iodine and spices.
Acre is the vivid setting of your first loss and your first sea.
Haifa is the smell of pine and wrinkled sheets.
A city that cannot be known by its smell is unreliable.
Exiles have a shared smell:
the smell of longing for something else;
a smell that resembles another smell.
A panting, nostalgic smell that guides you,
like a worn tourist map,
to the smell of the original place.
A smell is a memory and a setting sun.
Sunset, here, is beauty rebuking the stranger.'

I say:
'Acre is the smell of the perfume of first loves
and youth's summer showers.
Haifa is the smell of dripping blood, seawater, and garlic.
Ahihud is the shiver of silence covering Al Birwa.
I am not from here, yet I can cross the border
between Jalamah and Jenin.

I am not from here, but if I wanted I could live
in Haifa or Jaffa or former Al Birwa,
because a country was built on top of a country,
exclusive rights for strangers with my heritage.
And you, my friends,
with your extended family tree grown on this land,
cannot cross the border between Jenin and Jalamah,
cannot visit your ancestors' sea,
cannot cannot cannot until art is the only escape
or you find yourself having to flee
(in marriage, or as a refugee)
to Europe or America,
the places that enabled and plotted the spatial disaster
for a traumatised people they abandoned
and then wished to unsee,
and a people they never supported, didn't see
and didn't care to believe –
colonisation by habit, it seems.
Here I smell the poet's worn-down words
excavating jasmine, lemons, orange trees, black coffee.
All the buried villages that are ignored, I see.
Sunset, here, has lost its beauty in catastrophe.'

Thunder breaks the Belgrade sky
when I prepare to fly
to Palestine.
I've come to find Al Birwa,
where Mahmoud Darwish was born.
'But there is nothing left of it,'
says my host in the Acre hotel.
'We are not tourists!'
he cries to me,
recalling the stories of his family
visiting homes that were stolen from them,
just as a common tourist would,
before being chased off by settlers and guns.

I go to find Al Birwa, now Yas'ur and Ahihud,
and all I see is silence, uniformity,
until I find an old stone school, pre-1948
and capture it on film –
architecture rebelling against territory.

Can film and photography
conserve a place like that nostalgic smell,
the poet remembering his first sea?

Someone remembered the poet here
writing on the blackboard:
'Why did you leave the horse alone?'
Someone hoped for an answer:
'Houses die when their inhabitants are gone...'
This is what's left of Al Birwa
after 1948:
a white chalk horse in an old stone school,
the imprint, smell, and poetry.

My last night in Jenin
I drink coffee with five friends
(they could not travel to Al Birwa with me
no right to touch the Sea of Galilee).

They say:
'The sea...
The sea was a very important thing in Darwish's life
as it is a very important thing in Palestinian life.'

He says:
'I want to make a dangerous confession.
I swim in the sea every day,
which belongs to the State of Israel
and not the city of Haifa,
and I do not have a permit to enter the sea.
I do not have a permit to sit under the sky.
Then you ask for a permit to live in the wind, and they smile.'

I say:
'The unattainable there, painfully close to here.
Where is the basic human right
to simply swim in the sea,
to sit safely under the sky,
the right to live in the wind?'

Jenin is the taste of cardamom coffee
at midnight.

I feel the men around me
in a war I cannot place
upturned cross

FIRST SNOW

Winter has come
when I return to Belgrade.
Everyone is sick of winter
except my world and me.
The cold is colder than before.
I've longed for it.
I've been longing.
Belgrade in winter
holds a beauty intense.
Dead swans
in frozen rivers.
Tišma,
old soul from lost days,
tells us poetry is like a frozen swan.
Snowstorms cover the statues of the city,
the statues that I learned to read,
the statues that I show the others.
People heat each other
in smoky bars and beds.
And everyone I know
is trying to set themselves free,
from desire
love
expectations

jealousy
responsibility
debt
insecurity
loneliness
and pain.
Belgrade is desperate
and magnificent like that.
Dogs follow us onto buses,
lovers exchange diseases.
My lover doesn't read my pleasure.
My lover is a sailor
and I'm the last to say goodbye
before he leaves for sea.
I enter the coffee shop
and a diabetic girl lies
sprawled across the table,
a needle in her arm.
A little boy across the road
plays with a red ball
the colour of our hibiscus flowers,
which every morning open,
and every night close and drop
to the floor.

Belgrade is the smell of thunderstorms
cigarette smoke
and first snow.

shadows don't feel pain
I say
and close them in my arms

WOMEN DRESSED IN BLACK

There
(degenerate smoking city)
I arrive late to café Tri.
I find them there
in shadows drunk,
speeding through a meeting
about a movie they are making.
A black-and-white movie
about electrified Belgrade.
Strike and Marina, delighted.
Strike, the scarred old punk, wild, rude, stunning,
Marina's muse, her lead.
Marina herself, raw director, reckless, vicious beauty,
short-tempered and stubborn,
just like him.
Expelled from Béla Tarr's film school in Sarajevo,
so it is said.
Met in a bar,
so it is said.
Strike would be her star.
Strike sees my eyes.
He discovers I am Dutch.

Strike, enraptured Brussels soul,
tries to speak soft Flemish words
breaking through rough French.
'You,' says Strike, 'must be in our movie.
Those big green eyes.'
And he makes a gesture with his hands,
sweeping upwards past his sucked-in cheekbones,
creating imaginary Cleopatra wings on his eyelids.
We rise to leave.
An argument ensues.
Strike, the keeper of the cash, has lost it all.
Marina enraged, Strike flailing in space.
I take him by the shoulders, look him in the eyes,
and there we smile.
Searching his pockets,
cigarette pockets, empty pockets, filthy pockets,
as he, our child, enjoys himself.
And there, hidden deep inside some obscure pouch,
the pile of cash.
With mischief in his eyes he gives it up to us,
laughing, paying, leaving, through the hallway to the door.
Then Strike, the wildest man on crutches, falls down.

Alcohol takes over.
As he lies there on the cold stone floor, I rush to help him up.
Marina exasperated on the side.
Strike, refusing any help, shouts:
'You beautiful women dressed in black, get away from me!'
From the shadows to the stars.
'He always does this,' Marina says.
'Leave him,' Marina says. 'He'll make his own way.'
Strike emerging, Strike following, Strike out the door.
Two dark women walking home
on a cold January night.

he changes places
with the queen of the dead
seven pomegranate seeds

PERSEPHONE AND THE SAILOR

I meet the sailor over a game of pool
in the secret bar by St. Sava's Church.
My opponents two poets.
Damir, the sailor, writes haiku –
short snippets of his mind
that he takes with him to sea.
Marko lives in Mostar
and writes long, dark poems of love
and suffering and vice.
Collected in his *Crni Molitvenik* –
Black Prayer Book.
Damir and I roll cigarettes in the corner.
His arms are covered in tattoos.
Damir is the second mate on large cargo ships.
Half the year, he's out at sea.
The other half, he spends in Belgrade
where his young daughter lives.
Damir is a Montenegrin
born in Kotor by the sea.
He has dark eyes and dark circles around his eyes
and grins a roguish grin which tells me he likes
trouble and extremes.
Damir called out to me
into the first night.

One more Scorpio.
All alone.
Lost sometimes.
Stuck in his ways.
Surviving desire.
Buddhist apprentice.
Damir tells me
when I say I'm a Gemini,
that he can find the Gemini constellation
in the sky. Out at sea,
sailors watch stars.
We roll another cigarette.
Castor and Pollux, the twins,
are the patrons of sailors –
so say the myths.
Damir leaves for Milan tomorrow,
asks to see me in two days
when he returns.
Damir sends me haiku
to read while he's away.
And his poems,
which he calls songs,
weigh down on my body from his body
in warm, his favourite colour.

the red you showed me
which has that taste
come soon, come sooner

ZAZA

From the only Belgrade minaret
a haunting voice would sing,
on the street that I called mine
for some time.

But before that,
another street belonged to me
where an angel statue hid up high,
and every time I passed
I would look up to see her hand reach down,
rewarding those who take their time.
And I would walk
back and forth between Resavska and Birčaninova street,
where the sailor lived,
from winter to spring.

When I first came to his door
he stood there, fresh from the road,
grinning at me,
looking older and more marked by life than I'd remembered.

He'd brought me red wine from Milan.
Cold red wine from his fridge.

Cold red wine which I learned to accept,
though never to appreciate.

He told me of his early days in Kotor and at sea.
I spoke of Amsterdam and Mahmoud Darwish.
He had decided on me, it seemed,
and I had decided on Belgrade.
I met his little girl.

Then, the sailor came to stay.
It was a cold February day, St. Valentine,
and he sang a song about a man obsessed
with a girl named Malena
by '80s Belgrade band Idoli.

I photographed him
in black and white
with a view of Belgrade in grey.
He gave me his poetry collections.

Sometimes I observed
a tiny shift in him
and I knew something about him then,
something I chose to ignore.

The day after, he left for Thailand.
A sailor's holiday before six months out at sea.
He looked at me and said:
'You're coming to visit me, aren't you?'
Then he was off.
Half a month would pass and I would go to him.

After he left I spent my nights around town.
While the sailor was burning in the Southeast Asian sun,
I kept warm in Belgrade bars.

While he was talking to talking birds,
I found a cockroach on its back
on the floor of my apartment one night,
and, in a flash, felt such compassion and love for the creature
that I placed her in a jar with apple peels and sugar water
and named her Zaza, after a little boy's cockroach friend
in a Dutch children's book.
Communing with cockroaches and other misfit creatures.

Zaza did not survive my sugar-water love.
She barely ate, and whenever checked on,
appeared to be flailing around on her back helplessly,
or just lying there, immobile,

prompting the question whether this was simply
how cockroaches sleep, or whether she was dying.
After two days of this,
speaking softly to my little cockroach in the jar
in between late-night wanderings,
I found Zaza dead.

I wondered
whether cockroaches,
meant to withstand a nuclear apocalypse,
can be killed by too much love.
Zaza was given a burial
in the trash container outside my apartment.

I realised then that this would have been the best place
for her to survive all along,
not the apple-peel and sugar-water jar
on a February balcony in the days following St. Valentine.

new composition
when I dream I dream alone
unable to cry

CHASING MILAN

Marija picks me up
and we drive to Pančevački Most
to meet Strike, Marina and Denis Lavant,
and film a scene on a train.

I tell her my lover invited me to Thailand
and I can't afford to go,
and she tells me to contact her friend Milan,
who works for an airline
and gets discounts on flights.

High on desire
I give Milan a call,
and before I know it,
my flight is arranged,
before I understand that sometimes a friend here
isn't really a friend,
but a person known from around town
whom no one really knows
or trusts.

I fly there and back again,
and now I think
that we might always fly this way,

a solution for a life in the arts
with low income.

And I'm asked to join to Mexico
by my friends in a band on tour,
and it's been our dream for months,
and I say yes.
So my friend suggests to call Milan
to help us with our flights,
and we get lost in months of fog.

And later on, my Istanbul man
reads my fortune
in the bottom of a coffee cup,
and tells me I will have to choose
between what seems to be the easy way,
where I will stand alone,
or the harder way,
where I will receive help.
But he reads my fortune too late
and I've already lost.

The money is gone,
and our tickets never come,

and the pieces start to unfold more
when Marija tells us one night
how Milan's tickets were not accepted at the airport.
And then she admits they aren't really friends,
and other friends who hear we're involved
start telling us he is a pathological liar
who is not to be trusted.

And we realise
we dreamt too far and wide and high,
so much beauty when we dream,
that sometimes we get lost and fall,
feathers falling in the sun.

Chasing Milan becomes
part of our world
for several months,
and he tries to convince us
all will be well,
that he is not to blame,
that his friend's the one in charge,
and Milan disappears
on a scholarship to Indonesia.

And, having lost our money and our flights,
I decide, one day,
I cannot go to Mexico,
it's not my concert on the line.
I take full responsibility,
the only one of us with cash,
buying new flights for the band.
And I watch them go without me,
and I chase Milan for months,
until he returns to Belgrade,
still avoiding all the blame.
And it's almost a year later
when Milan pays me back the first instalment,
then disappears again,
to China this time,
and never pays the rest.
And I deliver my statement to
a police officer at an absurd police station,
chain-smoking cigarettes
in a dusty office
filled with boxes stacked up high.

And Milan Jovanović
still hasn't returned to Belgrade,
and I have never quite forgiven myself
for being so dreamily naïve
and taking what seemed to be
the easy road.

between two windows
she hovers, freezing heat
I'll close myself to you

FROM THE AIRPORT TO THE SHIP

It's August when I run away from Belgrade.
I return to Amsterdam for ten days.
I haven't seen the sailor in a while.
We'd broken over time, unable to grasp each other
a hundred lives apart.

The last time we met we surprised each other at a party
and I took him home with me,
where we chased a high that we had known together
on a beach on an island in the Andaman seas,
and we talked and laughed and smoked,
and I saw all his loss and all his helplessness,
and I played songs on my guitar,
and in the early hours, the sailor took his leave,
closed and open all at once.

I'm back in Amsterdam,
where I can breathe.
The sailor writes me late at night.
He's shipping out and has a layover in Amsterdam,
en route to Panama,
from where the cargo ship departs.
I'm leaving Amsterdam tomorrow, back to Belgrade.

We'll be at the same airport, at the same time.
So we meet.

He finds me waiting by the whisky store.
We sit together for an hour as I drink coffee, he does not,
our shoulders touching like before, and I show him
a photography book with pictures of Amsterdam
by the addict-model-turned-street photographer
Maarten van der Kamp.
Raw, bizarre and beautifully ugly.

When it is time for me to leave,
I turn to him and ask whether he received my letter months before.
Having slipped it under his door, I knew I'd never hear a word
from the man who spends half his life alone in a cabin at sea,
tossed left and right by storms,
surrounded only by wordless men.

All the sailor says is '*yes*', in that way that belongs to him,
mischievous and confused.
I smile, at least the neighbours didn't steal it.
Saying goodbye with a hug, his mouth finding mine,
and his words,
'Enjoy *life*.'

My words, in reply,
'Enjoy the *sea*.'
Just like that, I am the last person from his life
to send him off to sea.
I take my bags, turn around
and disappear into the crowds and lights of the airport.

here, I sit in a new park
there, my friend still sits in mine
his father's shadow in the sun

TWIN PEAKS

Dragić and I
watched *Twin Peaks* together
that summer in his office in Dedinje.

He had returned to Belgrade
a year before I came,
after years working abroad
in Syria and Saudi Arabia.

In his office,
a spacious apartment complete with
living room, kitchen and bedroom,
he held interviews with nurses
to send them to work in Saudi hospitals,
where staff was scarce
and the money better.

There was an electrical storm
the night we started watching.
Something about that time
was almost perfect
in its ease and fun and electricity.

Dragić and I were instant friends
since the moment we met crashing a party,
and the first time we met alone
when he took me to see the golden crypts
of St. Sava's Church,
and we marvelled at the immensity
of the kitschy insides
of that great white church.

We dragged each other
through times of sadness
and insomnia,
and became like family.
He liked to bring me food
so I would not forget to eat.
And one night
when I was very low,
more than half a year
after our *Twin Peaks* summer,
Dragić rang my doorbell
at 4 in the morning,
because I couldn't sleep again
and was lost and in despair.
And he took care of me,

staying with me all night long,
protecting me from those nightmares
that would come
after insomnia let me go,
and feeding me again the next few days.

By tram we crossed the Sava river
to the Chinese Market in New Belgrade,
and paid a visit to his father
in the apartment where Dragić grew up –
half here, half in Ljubljana
where his mother lives.

His sister once told me
that Dragić, when he was a boy,
tried to bike all the way from Ljubljana to Belgrade
during the war,
because he was angry at his mother.
Then she told me of Tarik, her Bosnian love,
and how as teenagers by the Croatian sea
the first summer of the war,
they defied the new adult-made reality,
staying longer than they should have,
loving each other in the sun.

And when they were forced to leave summer behind,
he was sent to war and killed.
And I knew, by hearing her, very well,
that her teenage self still loves that boy
thirty years after their love was destroyed.

Dragić's father made us *sarma*,
and took me aside in the kitchen
to ask me if there was something going on
between me and his son,
saying this would bring him joy.
I smiled and told him
Dragić is the best of friends.
Dragić's father was a wonderful man,
who left this world a year later,
far too soon,
and was buried on April Fools' Day,
which Dragić told me
was very appropriate,
as it would have pleased his father endlessly,
the great joker.

how long does it take
to clean a river from war?
Bosnian mint fields

ANGELS OF SARAJEVO

In my dream, I take a train to Sofia.
I get off the train in Sarajevo, alone.
For hours, I wander the streets,
watching the city's countless angel statues,
brilliant and white.
I enter an exhibition space filled with more angels,
made of white marble.
I walk beneath a high railway bridge.
Finally, I explore the different stories and rooms
of some strange, abandoned building, and find my old love,
working on his music.
We wish each other well, and I continue on my way.

I find my way to Sarajevo for the first time, alone,
about six months after this dream.
It's November and I'm blue and slightly broken
and I decide it's time
to visit this city of my dreams,
some strange solitary pilgrimage.
Mostly I walk, looking for those angel statues from my dream.

During my walks, I think how strange it is
to feel like I know Sarajevo,
even though the city in my dream looked different,
with all those white angels scattered
through the city.
I find monuments, sculptures, churches and mosques,
but only come across the angels once.
Perched high up, two cherubs, on the walls
of the Museum of the XIV Winter Olympic Games,
held in Sarajevo in 1984,
less than ten years before the unimaginable siege.

I meet with Gina, an American woman my mother's age
in Hotel Europe, equivalent to Belgrade's Hotel Moskva,
and we drink coffee in its old-world Viennese café.

She used to be an actress, lived in London for many years,
where she met an exiled Sarajevo artist during the 1990s war,
who was to become her best friend first, later her husband.

Over coffee in Hotel Europe,
she tells me her stories of coming to Sarajevo for the first time.
Like me, the city had spoken to her long before
she first set foot here.

All those years during the war,
the name Sarajevo manifested itself in her reality
like some place that she knew to be hers,
a place she had to see.
And when she finally did leave for Sarajevo,
when the war had just ended
and her husband could return home,
she cried at the airport when she saw the letters forming
the word of her new city
S A R A J E V O
on the bright departures screen.

Those first days in the city,
they would walk down the street and be pulled into *kafanas*
by women and men,
crying and shouting that he was alive, that he had returned,

the man the city loved so much,
and they would spend hours drinking and talking,
surrounded by old friends.

She teaches English at the university, supporting them both
as he was not made for making money, but lives only in his realm of
writing, painting, thinking, dreaming, drinking.
I do not think she will ever leave Sarajevo.

On my last night,
I have a dream that I know is a vision.
I am in my house in Amsterdam,
taking care of a little Bosnian boy, about five years old.
He is extremely sick, and all alone.
I hold him close on my lap.
He has a fever and is throwing up.
I'm scared he won't make it,
I'm scared he will get the other people in the house sick,
but I know he can pull through if I keep taking care of him.

I give the little boy all the love I have
and clean away the vomit, keeping him warm,
keeping him safe.
I wake up disturbed, knowing that I have been visited
by a ghost of Sarajevo, the ghost of a child from the war.
I want to ask my landlady if a little boy used to live here,
but don't want to distress her,
so I say goodbye and keep my visions to myself.

I return to Belgrade through wild Bosnian nature,
sad empty towns, past cold rivers.
The long, wide boulevard of Kneza Miloša,
where my ride drops me off,
is already decorated with endless strings of bright lights,
decorations for New Year's
with clocks that all point to the same time,
5 to 12.

don't forget them
those butterflies
even in the dark

CAT ON A DORĆOL STREET

It is night in Belgrade,
and I am standing with him on a street in Dorćol.
He sees me clearly and I cannot help but see him
connected to Vedrana.
I can see far into their past,
I can see them now,
I can see them then,
and I cannot imagine myself even more entangled in her life.
Yet as I'm preparing to leave,
a little cat starts circling around our legs, tying us together.
Animals are always drawn to that which is pure and true.
I think about this as I walk home by myself.

He touches my hands lightly, like a butterfly wing.
It doesn't matter, I think.
The only thing that's real is what feels right.
He is light and playful like a bird.
He is impatient and has difficulty understanding people who wait,
who do not immediately follow their
desires, impulses, feelings.
Life is so very short, he believes, now now now.

Every day he makes a collage
depicting a moment in the day.
Funny, sweet, beautiful, naïve, while simultaneously
cutting straight to the core.
A testament to the small details and characters
that make up a daily life.
His art is unlike
anything that I have seen.

We all spend our days together working on a movie.
And isn't it interesting, I muse when I'm alone,
how easily I always become part of any twin constellation,
and blend, merge, connect.
Yet this subtle thirding also comes with its dangers,
and I have to remind myself that I am still I,
not her, not him,
not glue to mend what breaks
or a cup of *kuvano vino*, comfort on a cold winter's night,
nor the lovely extra
you glimpse smoking sadly in the black-and-white film.

And so the entanglements are fictitious yet real,
and I attempt to let this silver strand between us
move on without me,
until I let go in the face of a deep touch.

It is New Year's Eve and we step out before midnight
to catch a few moments alone,
and he kisses me in the elevator
and outside on the dark street,
where our friends catch us by surprise.

It is Orthodox Christmas Eve
and he comes to visit me high up on the 13th floor.
Here, men are scared of heights.

It is Orthodox Christmas, the 7th of January,
and I am waiting for them
on the steps of St. Marko's Church.
This Christmas feels like spring.
I'm dressed in lapis blue and black velvet
and can smell the musky incense
wafting out from the church.
They, as always, appear in black.

We spend my last Belgrade night together
before I journey to Marrakesh.
I walk beside Vedrana in the darkening street in Vračar
and we laugh, watching the two tall, beautiful men
walking ahead of us.
We get drunk together and remember I will soon be in Morocco.

Tonight I think I worry too much,
after all, we're an artistic family.
The worry will later reappear
along with all the blurred and tested boundaries.

He walks me home that night,
and we admire the lion's face carved from stone
on the façade of a building.
We spend my last Belgrade hours together
until I carry my leather weekend bag out into the 4 am night
and, after our goodbyes, he starts walking home –
the artist of the everyday
and the extraordinary.

the shadow of a seagull
crosses over
her face

THE SHADOW OF A SEAGULL

The first time I saw Nina
she wore red shoes
and her blonde hair was hanging long,
falling down to her waist.
Faced with a hard choice,
the type of choice I'd faced as well,
she came to talk to me
staying close ever since.

Nina and I
went far together,
shared our lives in many ways,
and planned to live together again,
but she was offered a job in New York
while I returned to Belgrade,
she in pursuit of science
and I of art.

A year passed
and we finished our work.
She left New York for good
while I left Belgrade for a month,
early one January morning,
and we finally met again

at Marrakesh Airport.
Nina's hair was long and light
– it gets that way in the sun –
and her accent more American,
which happens naturally each time
she spends time in the States,
the Polish girl who grew up
on the other side of Lake Michigan
and then returned to Europe.

At night in our room
in the *riad*,
we exchanged stories
and eventually looked at each other,
asking
whether each of us had changed.
And we both admitted that this was true.
But how to put into words what has changed
in a friend so close?
It's the way of speaking,
the accent, even the voice.
But most of all,
it's deep inside.
We could read in each other

the imprints of the cities
that had shaped us now,
and the conversations we'd been having
with the people in our daily lives.

She told me New York is
masculine and dirty,
rough and messy,
and I said Belgrade is feminine,
sensual and slow,
but so charged and intense,
and it's here and there
that most changes occurred.
Nina had become sharper and more opinionated.
She had an edge now more defined,
in contrast with her always beautiful blurring.
And I'd become even more saturated than before
with the language of my dreams.
Maybe my speech had softened
and my exchanges had become more delicate,
my expressions and experiences
poetic at heart.

But Nina and I had no trouble
finding our own language again.
I would be crimson,
and she would be clover.

She told me New York
could be a struggle,
her relationship to the city was one of love and hate,
mostly because of how people spoke to each other.
So much judgment
picking other people apart,
yet words so measured and so weighed
to be inoffensive and correct.
But still it was New York,
and Nina being Nina, she knew how to have endless fun.
Belgrade was my place,
the city chose me
and I lived just as I wished,
sometimes exhausting even me
with the way I gave myself to others,
and ran so wild and free.
Because this freedom
comes at a cost.

And it seems
we must always sacrifice something
to receive something else.

Nina and I
dressed up and drank red wine,
wearing blue velvet gloves
and dark red lips
at the Grand Café de la Poste.
Approached by a man
we would later call the Prince,
we invited the fellow wanderer
to wander with us
to Essaouira
by the sea,
where we stayed for some time
eating oysters
and cutting salt foam
beneath our feet.
After crossing through the mountains
and the desert,
where a man told us riddles
and we shot scenes in the sand,
we had to return

to our different daily lives,
and suddenly found ourselves
sitting at the airport,
waiting for separate flights.
And crying as we said goodbye again,
like so many times before,
she went to Amsterdam
and I to Belgrade,
where I continued our own version
of *Crimson and Clover*.

Today
she and I
reversed our roles.
We are wild in different ways,
and we are sometimes
lost for words.
But language always has a way
of reinventing itself.

fast, the night
she disappears
around the bend

THE MOST BEAUTIFUL WOMAN IN TOWN

Hazal lights a cigarette
and asks me
if I agree that Bukowski
should be banned from universities,
because he was a misogynist
who treated women like dirt.
And I
loving Hazal's fierce female strength
and endless energy to fight and love,
simply don't agree.
And I say, maybe he was a misogynist pig,
but his writing is real
and should be free to be read.
Imagining the empty, one-sided universities
of the angry and the scared,
I think it all got terribly lost.
And we'll have to go to one extreme again
before balance can return.

It's Hazal's last Belgrade night,
and we go to say goodbye to the Istanbul crew
and walk back to her place hand in hand.
Hazal is a little queen,
softest curls against my skin,

and falling worshipping asleep,
her sweet salt stays still on my tongue.

In the morning,
I walk to Kalenić, so slow,
where Dragić takes me in these days
before my move to Dorćol.
And as I pass through the market,
I fail to notice, in my Hazal haze,
the subtle hands that lift my wallet.
So I start completely fresh.

And the first story I read,
that first night in my new apartment,
is Bukowski's 'The Most Beautiful Woman in Town'.
Homage to Hazal.
Bukowski really loved this Cass,
the ugliest guy and the prettiest girl
trying to destroy her own beauty,
I think to myself
as I fall asleep alone,
waiting to finally feel at home again,
and thinking how often,
beauty is a curse.

I carry
our hearts
in my hand

24 HOURS

In the days leading up to summer,
I am haunted by a distinct melancholia.
And despite the beauty of peony season,
I'm caught in the process of growing pains,
torn between countries,
between freedom, longing and love
and a search for belonging in a home
of my own.
I take up boxing in a sweaty gym
filled with large Serbian men
and a trainer who looks like the villain
in every Hollywood movie,
and smiles a broad smile with his fake white teeth,
and is very fond of me
in his own brutish way.

I think I might have drowned
in all my wasting blues,
if it hadn't been for those 24 hours
between the 3rd and 4th of June.
In those hours between days,
an artist and a pianist came together
to test themselves,
to discover more,

to push the boundaries of life and art,
to explore their sounds and images.
The two friends made a pact
to draw and play for 24 hours
without pause.
The performance was held in a wooden house
built for art in nature.
And their friends
were invited to join
as these two
played with shadows of time.

The night before our departure
for these 24 hours beyond time,
Sasho tells me he's passing through Belgrade
and asks to meet.
A Scorpio from Plovdiv from seven years past.
He writes me just as I get home
from writing at Brodić, a *splav* on the river,
where I drank myself into a state of sedation
and pure poetry.
Synchronicity appears in Sasho,
the man who gave me
my most prized poetry possession,

the little red pocketbook,
the most beautiful old edition
of Dylan Thomas' *Deaths and Entrances*,
containing my favourite poem,
'Love in the Asylum'.
'To a girl mad as birds,' he inscribed it.
We agree to meet early in the morning at Studentski Trg
as I have a ride to catch to the 24-hour performance.
When Sasho and I embrace after seven long years,
relief washes over me,
feeling at home with a friend from far away.
In our short fifteen minutes we quickly catch up and I vow
to visit him in Bulgaria soon.
For now, we part ways, and I travel on.

It is hard to describe those hours that passed.
There is the photograph I took of the last cigarette
before the 24 hours.
Then there are the wise mothers and the brilliant children,
the children I'll later teach English through art,
children whose parents teach them life
by showing them tiny wild realities
that most modern-day children miss.

The artist starts drawing at a desk facing the piano.
The pianist starts to play.
He plays his own compositions,
letting them flow through him into the space
hour after hour in different variations,
extending, looping, experimenting, exploring his own sounds.
The artist draws line after line,
filling in the blank space of his white paper
with his signature black lines,
so precise and clear and sharp.
And the rest of us are supporting, watching, hearing, dreaming,
and some are coming in and out,
and many leave after some time,
and a few of us stay with them the whole night,
as though we are holding vigil with them, praying with them.
In the early hours, after twenty hours have passed,
some of us instinctively rise and start to dance
slowly to the music, moving with them those last hours.
The artist and the pianist have reached a state of
timelessness, exhaustion, and ecstasy.

They have built a new world in one night
and one day.

Things began moving after those 24 hours.
I started coming home.
I started pushing forwards towards a slow understanding
of the imaginary and the real.
Many things were said.
Many steps were taken.
I was right and I was wrong.
I tried to avoid complex love.
I said with certainty
that not every person who seems to be
a soulmate, should be your lover too.
And when I didn't follow through
with my own wise words,
I broke my pattern by doing what was most unnatural to me,
and by All Saints' Day I chose
to be with absolutely nobody.
I went many places,
and managed to come back to myself.
Returning to thunderstorms and blackouts
by candlelight.

deaths and entrances
we walk the same old streets
softer is the light

KNEZA MILOŠA

Summer came fast
again in Belgrade this year.
It's late June and my friend Ivana tells me
she met an older man,
and he, a painter,
would like her to sit for him.
She has never posed nude,
so I say I'll join
if he really is an artist.

We agree to meet
before the sitting is arranged,
and he invites us to an intimate gathering
at his Belgrade home.

We walk through the warm night
down Terazije,
until we come to the corner
of Kneza Miloša,
that boulevard tumbling downhill
with endless shimmering lights.

We enter the large old building on the corner
and she tells me this man comes from
old Belgrade money.
The hallway is tiled and vast,
we climb the staircase and knock
on the heavy wooden door.

When the door opens,
I find myself
standing face to face with George,
a man I've met before,
the last man I'd want to pose for,
a character in Marina's film,
described by some
as Belgrade's biggest sociopath.

Ivana realises my surprise
and I say we've met before,
when we were acting in the film.
He acts as though he knows,
although he can't recall my name.
We step inside.

There are two others there,
a man and a woman,
just starting a mushroom trip.

Now I see, in George's apartment,
the space in which Strike's scenes were filmed,
the balcony where he stands smoking
and finishing a glass of wine,
looking out at the cars
driving down Kneza Miloša,
the curtains opening and closing.
We speak a bit with George
and I keep my distance, am on guard.
After minutes of talking,
where I speak about the film,
he suddenly says he had no idea
who I was all this time,
had just pretended all along
that he knew me as well,
but now he claims he sees.
Every time we'd met before,
he never seemed to know me,
only made some inappropriate comments
about the women in the room.

George speaks Serbian
with a thick American accent,
as he grew up in the States,
then lived some life in Paris,
now returned to Belgrade,
to try and reclaim land and houses
once belonging to his wealthy family.
Filthy money stories
linger in the air.
His sister is friends with the Princess of Serbia,
and family and friends fight over
properties in Zvezdara Forest
and other such things.
As far as I know, there is not much art in George,
though he's an excellent actor, acting only himself.

When I see George
all I hear is his line from the movie,
'Money, money is amusing.'
This is George to me,
not the charming artist my friend thought she had seen.
He cuts to the chase, suggesting we start work tomorrow.
He seems thrilled he's getting two nudes
to help him return to painting,

something he claims he did in his Paris days.
And I make up an excuse and say I'm going out of town.
After half an hour,
I get out, leaving the big apartment
and laughing my way back home.

I tell Ivana to tell George
I have changed my mind
and won't sit for him.
When she asks me what reason she should give,
I say I couldn't care less.
George asks another actress from the film for my number,
telling her he doesn't understand
why I've disappeared.

The next time I see George
is a year and more later
at the movie's premiere.
And true to character,
he doesn't seem to recognise me
at all.

your voice painted gold
past Pisces season
what is to come is still unsure

VENUS IN WHITE FOAM

I thought I had to
live in love
detached from all other parts of my life,
because I wasn't ready for
carrying a connection with all my strength,
and facing what the truth contained.
So I ran away from what was real
and imagined a love where I could be free,
from navigating all the ties
that run through me.

And I accepted an invitation to the Adriatic Sea,
the Bay of Kotor in Montenegro,
and found myself living, for a week,
with two arguing men, best friends,
a director and a cinematographer.
They drove me around their favourite spots by the sea
and we lay on rocky beaches,
swimming towards little churches built on islands.

There is a tiny village by the sea in the Bay of Kotor
called Donji Stoliv,
where we went again and again to lie by the water
at a small kafana run by a girl named Adrijana.

Up above lies Gornji Stoliv,
an abandoned village in the mountains.

My soft footsteps took me
away from the others,
to walk a bit alone
and climb the mountain to Gornji Stoliv.
First was the burning afternoon sun,
second the statue of Venus in the sea,
and third the girl, the girl, Zoe.

Venus emerged from the sea,
like the time I almost drowned
in the strong late-afternoon waves at Veslo,
fighting my way back to shore
while the men stood among the rocks,
unaware that I was nearly lost and taking photographs of me
in the white foam,
like some birth of Venus,
if Venus had been born shattered by the sea.

The girl was ten or eleven years old
and the spitting image of the sailor's daughter, Zoe.

Here, in the tiniest village by the sea,
I saw the sailor's girl for the first time in over a year.
A girl I'd imagined for a few weeks that spring
would become a part of my life, I'd welcome her in.

Up the mountain,
I found the abandoned village,
not quite abandoned,
inhabited by one old woman
and one old man in an old stone house,
and their barking dog and grazing horse.
A locked-up church, a dusty kitchen in a desolate house.
A view of the bay, a different quality of light here,
diffused, powdery, like shimmering dust.

The day I left Montenegro,
they took me to a small antique shop
belonging to Mele, a bright old man
with many lovers and many children.

Drawn to a box with old postcards and photographs, I selected:

>a deeply mysterious postcard depicting a square in Zagreb at night, starry lights all around;

>a street in Sarajevo, a woman and two men approaching the camera, dated May 1937;

>a landscape photograph, four lonesome trees in a field with the sun setting behind the mountains in the background, coloured in pinks, yellows, reds and oranges, dated November 2000;

>a young woman from the '40s sitting in a wooden rowboat in the Montenegrin sea, mountains surrounding her, a familiar, alluring smile painted on her face;

>a man wearing a casual suit and a straw boater hat in a sailboat;

>a woman from the '50s posing by Lago di Loppio in Italy, wearing a rose in her hair;

a teenage girl in white standing in front of a house, dated 1926;

a dark-haired, handsome man, framed from below in front of a Buddhist temple, with the inscription on the back of the photograph:

> 'What is to come is still unsure.'

the tall young man
comes softly to my bed
bringing nothing but a poem

SENDING AN ANGEL

Sarajevo fills up in August
during Sarajevo Film Festival,
and I am here for just some days,
returning at night to a favourite bar
to drink and write alone,
waiting for Hazal and her new love
to join me when they're free.

Alone in my world of words,
the solitude is suddenly disrupted
by a tall figure approaching me
from across the room.
The tall boy is standing here
and asks if he can join me.
He says he saw me writing
from across the bar,
which made him hopeful and intrigued,
thinking that a person writing alone in a bar
must be different from the others,
and open to a stranger like him,
and his lonesome company.
And how could I say no to that.
Though lost in thoughts and stories

I allow him
to sit with me.

He is just eighteen years old,
ten years younger than me.
Niels, the French boy
with the Nordic name,
hitchhiking around the world
from the suburbs of Paris.
It's the second time in his life that he has left France.
The first time, he was fifteen,
and his father took him and his younger sister
to spend some months in Palestine.
Very quickly I understand
there is nothing ordinary
about this young man,
who grew up poor
on the outskirts of Paris,
and now travels freely,
without ties or money,
towards India.
Filled with curiosity and a passion to explore,
and understanding and respecting

the subtle codes of the old world,
he was able to single out
a kindred spirit
in a Sarajevo bar.

He asks me what I'm doing here
and where I live,
and I tell him of Belgrade,
poetry, theatre and film.
Niels dreams of the theatre,
he wants to learn more.
And in a flash I see it all
and tell him I know where he should go.
There is a man in Serbia named Boško
who has been living in the forest
for almost fifty years.
In his commune,
where he is the only permanent resident
these days,
he makes theatre and art
and welcomes strangers and friends.
I tell Niels he is the best of men,
and though Niels speaks no Serbian
and Boško speaks no English,

that is irrelevant
as Boško can communicate with anyone.
He will organise his yearly theatre festival next week,
which I am unable to attend
since I will be abroad.
But I suggest Niels could go instead of me.
Niels writes me a poem in French,
Hazal arrives,
and we say goodnight.

When I call Boško to tell him of the young French man
who wants to share and wants to learn,
he says to let him come,
without a moment's hesitation.
And this is how
Niels meets Boško,
and all the others in his world.
And while I am crossing an ocean,
my friends tell me
that I have sent another angel
in my absence,
replacing an angel with an angel.
Niels becomes beloved
by everyone around,

and dear to Boško,
staying with him
in the forest for some time.

Niels and I meet again a year later
when I perform at the theatre festival in summer,
and he has returned with his sister Elsa.
At dawn he wakes me up
with another poem in French.
Like two characters in a fairytale,
Niels and Elsa play the flute and dance
in the wild grass.
Niels, the young angel
who came from far away like me,
and knew how to recognise
his people.

All Saints' Day
singing the blues at night
velvet after hours

AFTER ALL SAINTS' DAY

It seems I left behind
old parts of me
in my hazy questions at Sinnerman,
in my third coffee cup on the first day of rain,
and in the stories of summer
I told myself then.
And I travelled alone to Sofia,
3 am again
feeling lighter and more shattered
on the southwestern road.
I met the others in Sofia's streets
and we travelled on.
At 3 pm we reached the Old Mountains
and began to climb deep into the forest.
The fog grew thick
on our day of the dead.
The path ended, we were lost.
Only whisky left to drink,
a woodcutter's dead end.
Sasho, Pesho and I, nowhere but gone.
Knowing only our direction,
southwest, by compass, straight uphill
through trees and bush,
broken emptiness below.

Crawling on, four hours in,
I imagined, in the dark wet fog,
we'd never make it out, plunge and die
after All Saints' Day.
We would simply disappear
on the wild Bulgarian side of Stara Planina,
looking for a place
they called Paradise.

where we sleep
a castle surrounds the bed
blue flowers

THE CROSSROADS

Stepping out into the snowy street
beneath the green minaret,
I leave the man, warm in my bed,
after dreaming we grew up,
and meet a dying dove.

She chose the intersection of Kralja Petra and Jevremova,
the crossroads between Judaism, Islam and the Orthodox Church.
I worry, still I hurry on.

Tomorrow I'll leave for the winter:
the man who returned to read dreams in my bed
and the children I've cared for from fall until snow.

I swear I'll return for the dove
before dark,
and have a meeting in the Vračar café
to search for new ways to continue our work,
when I receive the call that my grandmother has died.
The most glamorous woman by Lake Michigan.
Stepping out into the cold,
I forget myself and my coat
and cry for her.

Now dying to see the freezing dove again,
I quicken my pace, without any plan,
imagining I will lift her up,
bring her to my warm apartment, and call her back to life.

The dove on the corner of Kralja Petra
is perfectly still.
Closed little black eyes.
She left this world
when my grandmother died.

At the crossroads of Dorćol,
I take into my arms the small frozen dove
and suddenly see exactly where she should be –
resting at the feet of the statue
of the Angel of Death.

The angel stands
relentless and fair,
in her strong hands she holds
a small headless torso.
She speaks only the truth
and takes all who dare come
to her fierce loving breast.

As I lay down my dove
in the white snow at her feet,
it's my grandmother's elegance laid down here too.
The tears that come rushing,
I let them all go,
alone in the park, coloured in white.
With my sweet little dove and their
sweet dying breath and my endless ice tears
which fall down to melt snow.

After night falls, I meet friends dressed in black,
to drink sacred Manhattans in honour of her.
And the frozen dove lies as I slide back to sleep
with the man who returned to read dreams in my bed,
on the last gentle night of love growing with him.
Till we all meet again for our next passing year,
before midnight on New Year's Eve in Berlin.

rain after sun
and she seems to be
wilder at heart

LAST NIGHT AT MORNAR

Strike calls me and tells me
he's back in town.
And I tell him to meet me at Mornar.
A hailstorm ravaged the city
and I feel relief.
When I arrive, I find him sitting
with his back to the door,
speaking with Marina, Marina smiles at me.
Strike is dressed in a blue-striped sailor shirt.
Marina in black, red lipstick and golden earrings.
They drink red wine and I drink beer.
I give him a postcard of Judith
who has cut off the head of Holofernes.
He gives us each a small Moleskine.
Mine is white, completely white.
Marina says it is pure.
Soon Strike is drunk and making a mess.
Marina has a love in Ljubljana.
Strike spits on the floor.
The movie is still not done.
Marina says her love is more mature than her.
Strike makes distorted faces.
Marina is worried she will hurt him.
Stanislav arrives.

Strike shouts, at no one in particular.
Stanislav tells me about one lost refugee, a young man,
whom he is trying to help.
Strike tries to get a cigarette from the woman at the next table.
His methods fail him.
Strike spits on the floor.
The woman leaves.
I order another beer, drink half,
play a staring game with Strike, and leave abruptly.
All around Mornar, streets are under construction.
It takes me
a long-winding way
to get home.

it was very late
when I rode alone so still
night drive

LUCKY STRIKE

It is Friday the 13th when I next meet Strike.
Following our agreement
we meet at Hotel Moskva.
It's a warm September night and they say the moon is full.
I see Strike sitting outside
focused intensely on the camera on his phone,
which will replace the Super8.

His hair is longer than before.
We drink Pelinkovac.
A hotel musician plays Beatles covers on an electric piano
and we laugh and joke.
Strike no longer has a home,
neither in Brussels,
nor in Belgrade.
I tell him I'm leaving town.
He smokes Drinka cigarettes from a Lucky Strike pack.

He wants to buy me dinner
and we order pretentious meals,
overpriced and empty compared to our kafanas.
He asks for the wine list.
We will drink red.
I tell him to choose and he gestures – the Brunello.

Already slightly drunk.
He looks at me and says
not many people will understand my film
as I have done something no one has done before
in the in-between shadows of Palestine and Israel.
His words mean something to me.

The musician's shift ends, a girl younger than me takes over.
More background standards.
We request Johnny Cash and she smiles and says:
'Next time.'

Strike tells me he has been banned from Mornar
since our last meeting there.
After I left he lost the money I'd given him
and he refused to pay, making one final scene.
He tells me it's the arrogant young waiter who is to blame.
And I remind him he is the one who spat on the floor
of our favourite kafana.
He says he doesn't care either way.
Then he says it *is* sad, after all, Mornar is the best.
We eat our fancy meals.
He has started to hate his film.
He says Marina fucked it up.

She sends unfinished versions to film festivals,
it's rejected again.
He says he now sees how macho his character is,
that the female characters lack depth.
I argue too much time has passed
leaving too much space to think.

Strike wants to film me in black-and-white before I go.
We ask for the bill.
He insists on paying.
I glance at the bill and see, in shock, the price of the wine,
Brunello at Moskva.
8000 dinars for a bottle of red.

Strike, drunk, protests that he won't look at the price,
waves his card around.
I follow the waiter to confirm and he nods solemnly,
'Yes, Miss, the Brunello is a very nice wine.'
I return to Strike who, unfazed, is eager to go to Fijuk Sajam.
He wants me to join.
Fijuk, the underground fair for art, poetry,
graphic novels, design.
Strike's art-brut crowd.

It makes him happy to take me out,
finishing the expensive wine straight from the bottle.
Our way of saying goodbye when, before,
we'd always spoken about leaving
but neither of us would ever truly leave.

And when I lose sight of him I find him again
sitting at the bar with Marina.
Marina has left her love from Ljubljana.
The night before, over some small disagreement, she, bored,
dropped him just like that.
She asks Strike to buy her a beer.
He consents.
She tells me the sound mastering for the film in Slovenia
didn't work out.
I see Strike, thinking she fucked it up.

Marina tells me she loves me.
She wants to go outside.
Strike wants to stay in.
Once, he was banned from here, too.
He and I remain
for some time,
seated at the bar.

Until we say goodbye.
And we realise then,
we wish to be the person
the other person sees in us.

May 22ⁿᵈ
four figures on granite
watching lightning strike

THE EIGHT MOTHERS

I dream a war is coming
from Mount Avala
towards my Belgrade home.
Drama unfolds between Bosniaks, Croats and Serbs,
and with tensions running high,
the soldiers now appear.
Through my window,
I see my aunt's large totem painting
hanging in front of a church.
Rain falls for a week
and I have to take it down,
to protect it from
the water and the war.
But someone else gets there before me,
rolls it up and stores it in the church.
No one back home in the Netherlands
seems to understand
the threat and horror of this impending war.
People feel the Balkans
are so far away,
forget how close we really are,
and are too occupied with their
lives of simple safety.

I first visit Avala with an actor
who cured his alcoholism
with an ayahuasca obsession.
He believes the Balkans are the cradle of civilisation,
referring to Vinča –
the matrifocal Neolithic society in Southeastern Europe,
the largest one in Europe back then,
together with Trypillia in Romania and Ukraine.
Looking at the figurines from both societies,
some overflow with femininity,
others with stunning androgyny.
At dusk the actor and I hitch a ride with some young men,
incidentally drinking heavily,
back down the mountain.

I visit Avala again on my twenty-ninth birthday
when Vanja, Andrej and Dragić pick me up,
and we drive the winding roads to the top of the mountain
in our fragrant Belgrade spring.
Here stands a monument
to an unknown soldier
who perished in World War I.
Here stand the eight mothers
of the fallen soldiers.

These are the statues of Ivan Meštrović.
The eight faces
of the people of Yugoslavia:
the women of
Bosnia
Montenegro
Dalmatia
Croatia
Slovenia
Vojvodina
Serbia
South Serbia.
Black granite mothers
protecting their young.

A lightning storm is coming for us
as we drink beer and eat cake.
There are four of us
and eight mothers holding us,
two mothers to each child.
And I try to figure out
whether granite attracts lightning,
and whether we'll be struck.

Lightning flashes in the distance,
flashes closer closer,
and then flashes past us
and away,
as the thunder breaks the sky apart
and we hide from thick raindrops in the tomb
on the 22nd of May.

Everything is changing now,
my projects here are ending.
And purposelessness scares me –
especially in Belgrade,
where I know a lack of aim
could sink me into
repetitive hedonistic nights
and depressed days,
something many of us strangers
who have found their home here know.
I think I'm surely staying, though.
I have to learn the language more,
have to love the city more,
have to bathe in Balkan light,
and Avala is calling.

Less than six months later,
I spend my last day in Belgrade
back at Avala with my friends.
I've asked them here to say goodbye
but promise it's a short farewell:
I will be back again.
And though I've often returned
to my Belgrade since,
I don't live there anymore,
and sometimes I think the question
of leaving or living in Belgrade
is like the question of leaving or living with a love.
We've all asked ourselves
how possibly to leave Belgrade,
it's like climbing a mountain that seems too high.
But once we've truly left,
the real return seems
like an even steeper incline.

In the meantime,
some stopped calling me
their angel,
and released from angelic expectations
I achieve freedom once again.
And now this fallen angel
can return to climb the mountain.
A fallen angel and a fallen soldier,
held by the Eight Mothers.

return to rain
I haven't seen the birds
today

SHIRA WOLFE

JUGOSLOVENSKA KINOTEKA
scene u poeziji

Prevod na srpski
Shira Wolfe i Marko Mladenović

Beogradu
mojima
i košavi

sedevši u prvom redu Jugoslovenske Kinoteke
vidim sebe pre sedam godina
u poslednjem redu bioskopa

ORIGAMI DROZDOVI

U mom snu
Vedrana i ja hodamo zajedno.
Grupa muškaraca je muči.
Teraju je da hoda,
da hoda do vode,
da hoda po dasci.
Kao u kakvom gusarskom obredu –
hodanje po dasci i davljenje u okeanu.
Idem sa njom.
Hodamo prema vodi.
Pored voćnjaka.
Ona gotovo da plače.
Vidimo sočna stabla dunje.
Stajemo ispred jednog drveta
i zatičemo bezbroj malih drozdova
koji sede u krošnji.
Ptice kao da su presavijene od papira.
Origami drozdovi.
Pružam ruku.
Dve ptice polete i slete nam na ruke,
meke i nežne.
Kažem Vedrani da sačeka malo tu sa mnom
pre obreda.
Pružamo ruke.

Drozdovi na našim prstima
i rukama
ramenima
ugnežđeni nam u vratove.
Pevaju meke pesme.
Ptice ne vidi niko osim nas.
Vedrana je spasena
od obreda.
Ne mora više
da hoda po dasci.
Drozdovi su
je oslobodili.

crveno balkansko sunce
ubrzano zalazi
za beton Novog Beograda

MAJ

Upoznala sam je u maju u jednom baru
gde sam došla da pijem sa Srđanom,
slučajnim novim prijateljem.
Ona govori s njim na srpskom,
prigušeno, neodložno,
pa nas pita da joj se pridružimo u drugom baru.
Neupadljivo ispod glasa, Srđan mi kaže
da joj je muž otišao prethodne noći.
A ona ga traži po celom gradu.
On je nestao.
Mi pijemo pivo, ona pije vino.
Kad god poželim da zapalim cigaretu
ona mi je uzme,
zapali je sebi između usana,
pa mi je vrati.
Plešemo.
Ona nam plače na ramenima.
Grlimo se.
Ne poznajem je
ali je poznajem.
Idemo kući sa njom.
Pijemo još vina.
Fotkamo se Polaroidom.
On je sada dodiruje.

Ona je pijana, lomi se.
Govorim mu da prestane.
Njoj su zatvorene oči.
Nije trenutak za to.
On ne shvata zašto.
Ogorčen je kao razmaženo dete.
Pita me šta je pogrešio.
Vodim je u krevet, želi da oboje ostanemo.
I tako, on s njene desne a ja s leve strane,
tonemo u prolećni san.
Njegov dodir ide po našim ravnodušnim telima
što se umesto toga drže jedno za drugo.
Njene lepljive suze
natapaju crvene usne,
njenu kratku crnu kosu,
moju kožu.
Ujutro, on prvi odlazi.
Kada se probudimo vidimo
da su nam nestale fotke,
jedini suvenir koji nam je mogao uzeti.
Od te noći,
ona i ja svaku noć provodimo zajedno.
A on se ne vraća.

ovaj Bog
je emotivno nezadovoljavajući
ovde su nam noći uvek duge

MAGIC GARDEN

Ovo mi je prvo poslednje veče u Beogradu –
imaću još mnogo takvih.
Zasad se selim odavde,
a svi moji prijatelji se plaše
da se nikada neću vratiti.
Ovaj grad mi se uvukao pod kožu,
no nešto mi govori da ću,
budem li ostala bez plana,
možda samo sanjariti.
Večeram sa ambasadorom Palestine,
opraštam se od DAH Teatra
– pozorišne trupe čiji naziv znači udah –
gledam predstavu na Bitef festivalu,
i Boris dolazi po mene kod Narodnog pozorišta
da otpešačimo do donjeg Dorćola
kod Andreja i Vanje.

Jednom sam upoznala jednog mladića
koji nije želeo da govori o prošlosti,
želeo je samo da govori i piše
o onome što će se dogoditi u budućnosti,
za dve sedmice,
kada je rekao da će njegov prijatelj, ili neprijatelj,
stići u njegov grad.

Da sam ja tada govorila o svojoj budućnosti
kao što mi je taj mladić govorio o svojoj,
Kazala bih da ću se za samo nekoliko meseci
vratiti u Beograd,
i da će mi Boris pokloniti
Solaris Stanislava Lema,
i napisati posvetu:
„Draga Šira,
,Ovaj Bog je emotivno nezadovoljavajući – Karl Sejgen'
od Borisa."
I Boris i ja bismo išli u večernje šetnje po Beogradu,
i sedeli u *Intergalactic Diner*-u na Vračaru,
i govorili o filozofiji i ljubavi i dubokom svemiru,
i o njegovom detinjstvu u Nemačkoj za vreme rata,
i njegovoj žarkoj želji za očinstvom,
i on bi mi pričao o vešticama u istočnoj Srbiji,
i obećavao da će me jednoga dana voditi
tokom njihovih prolećnih obrednih dana.
A ja bih govorila da ćemo Vanja, Andrej i ja
početi da vozimo,
da oni, kao i ja, žive za putovanja.
Odvešćemo se kolima u Berlin
i nazad u Beograd,
greškom ćemo se odvesti u Poljsku,

odvešćemo se na Belocrkvanska jezera,
vozićemo se kroz balkanski sumrak
i balkansku zoru,
i u nekoj dalekoj budućnosti bliskoj sadašnjosti,
čak ćemo se na kraju voziti kroz kalifornijsku pustinju
kilometrima i kilometrima i kilometrima od kuće.
Vozićemo se do barova što nas dozivaju,
vozićemo se do spomenika bola,
vozićemo se auto-putevima
bivše Jugoslavije,
dok muzika čeka s nama na granici,
kafa čeka na benzinskim pumpama,
a život će nam se odvijati
u detaljnim pričama,
dok se vozimo i vozimo
i vozimo tim drumovima.

Vanja je izgubila svoj dom
kao devojčica '91.
Rat se zahuktavao
i rekli su joj da beži u Beograd,
gde je godinama kasnije srela Andreja
na andergraund pank sceni.
Andrej može da vozi čitav dan i noć,

stoički, budno i pun života.
Tada polako nailaze njegove priče,
porodične traume
ne deli ih lako.
To dvoje što nose mnoge tuđe prošlosti,
ali nikada ne opterećuju druge
žrtvom koju to iziskuje.

Ovde je trenutno na delu želja
da se produži ova poslednja noć.
Pijemo vino i izvaljujemo se
u fotelje i na pod.
Govorimo o mestima na koja ćemo ići,
svim mestima na koja ćemo ići,
i istoriji Jugoslavije
koju Andrej tako dobro pripoveda,
i filozofiji svemira
koje se Boris seti,
i zovu na planine i more
koji opisujemo Vanja i ja.
Miholjsko leto nas drži
i na kraju prelazimo u *Magic Garden* sa još prijatelja,
skriveni kasnonoćni bar u starom tržnom centru
blizu Trga republike.

U uglu bara
Vanja, Andrej i Boris vide
čoveka koga zovu Gospodin Robot.
Nama ostalima to ništa ne znači
a kasnije shvatimo da je to glumac po imenu Rami Malek,
koji je glumio u hit TV-seriji Gospodin Robot.
Kada se *Magic Garden* zatvori,
Vanja i Andrej pozivaju Gospodina Robota
da nam se pridruži kod njih,
i premda njegova prijateljica isprva odbija,
njega lako nagovaramo,
te ona i on polaze s nama
u klasičnu beogradsku noć.
Za tu priliku
iznosimo poslednju preostalu domaću trešnjevaču.
Dok razgovaramo, vidim da je Gospodin Robot naduvan.
Njegovo izmenjeno stanje izmiče ostalima.
Govorimo o američkoj politici
(jesen je 2016)
i razmenjujemo kontakte da se vidimo
budemo li ikada u LA-u.
On je očaran Vanjinom lepotom
i dirnut našim bliskim prijateljstvom.
Njegova beogradska prijateljica rođena je na isti dan kao ja,

nestrpljiva je da ode s njim,
ali kako duže razgovaram s njom,
počinje da mi se poverava
o njihovoj neočekivanoj vezi i ljubavi za jednu noć.
To je savršena noć prijatelja i neznanaca,
beogradskih zvezda i jedne holivudske,
što ispijaju vreme
kako noći ne bi došao kraj.
U 6 ujutru nas iznenađuje nagli nestanak struje.
Muzika staje, svetla se gase,
preplavljuje nas potpuna tama.
Palimo sveće i kada vratimo malo svetlosti
naši noćni gosti su već na nogama,
spremni da krenu.
Vreme je da odvedemo Gospodina Robota,
nazad u njegov hotel i njegov holivudski život.
Grlimo se na rastanku i ostajemo,
pijani od trešnjevače i naše *Magic Garden* noći.

Sunce je izašlo i ja polazim da stignem na let.
Gledam Beograd i svoje ljude kako blede ispod oblaka.
Ali uvek ću se vraćati u Beograd.
Čak i sada, uvek ću se vraćati.
Čak i nakon što prijatelji koji su se voleli

budu slomili jedno drugom srce,
i pretvorili se iz trešnji u višnje,
uvek ću se vraćati.
Belom gradu
uvek treba
svetlosti nove.

ima jedno mesto
gde pesme oslobađaju Palestinu
gde im mirisi vraćaju domove

DARVIŠOVIM TRAGOM

U potrazi za Darvišovom Palestinom
ja ponavljam njegove osećaje:

On kaže:
„Gradovi su mirisi: Akra je miris joda i začina.
Akra je ona živa sredina tvog prvog gubitka i tvog prvog mora.
Haifa je miris borova i izgužvane posteljine.
Grad koji se ne može spoznati po mirisu nepouzdan je.
Izgnanici imaju zajednički miris:
miris čežnje za nečim drugim;
miris što liči na drugi miris.
Zadihani, nostalgični miris koji te vodi,
kao izlizana turistička mapa,
do mirisa izvornog mesta.
Miris je uspomena i sunce što zalazi.
Ovde je sumrak lepota koja kori stranca."

Ja kažem:
„Akra je miris parfema prvih ljubavi i letnjih tuširanja mladih.
Haifa je miris krvi što kaplje, morske vode i belog luka.
Ahihud je drhtaj tišine što prekriva Al-Birvu.
Ja nisam odavde, no smem da pređem granicu
između Džalame i Dženina.

Ja nisam odavde, ali kad bih htela,
mogla bih da živim u Haifi ili Jafi ili bivšoj Al-Birvi,
jer je jedna zemlja izgrađena na drugoj zemlji,
ekskluzivna prava za strance s mojim nasleđem.
A vi, prijatelji moji,
sa svojim proširenim porodičnim stablom
izraslim na ovoj zemlji,
ne možete da pređete granicu između Dženina i Džalame,
ne možete da posetite more svojih predaka,
ne možete ne možete ne možete
dok umetnost ne postane jedino bekstvo,
ili se ne nađete u tome da morate bežati
(u braku, ili kao izbeglica)
u Evropu ili Ameriku, mesta koja su omogućila i izdelila
tu prostornu katastrofu
za jedan traumatizovan narod koji su napustili
a onda poželeli da ne vide,
i jedan narod koji nikada nisu podržavali,
nisu videli i nije im bilo stalo da veruju –
kolonizacija iz navike, čini se.
Ovde osećam miris pesnikovih izlizanih reči što iskopavaju
jasmin, limunove, stabla pomorandže, crnu kafu.
Sva ona zakopana sela što se ne obaziru na njih, ja vidim.
Ovde je sumrak izgubio svoju lepotu u katastrofi."

Grmljavina se prolama beogradskim nebom
dok se spremam da letim
za Palestinu.
Došla sam da pronađem Al-Birvu,
gde se Mahmud Darviš rodio.
„Ali ništa nije ostalo od nje",
kaže moj domaćin u hotelu u Akri.
„Mi nismo turisti!"
viče mi on,
prisećajući se priča kako je njegova porodica
posećivala domove koji su im ukradeni,
isto kao što bi to radio običan turista,
pre nego što su ih oterali naseljenici i oružje.

Odlazim da pronađem Al-Birvu, sada Jasur i Ahihud,
i vidim samo tišinu, uniformnost,
dok ne pronađem jednu staru kamenu školu, od pre 1948.
i zabeležim je na filmu –
arhitektura koja se buni protiv teritorije.

Mogu li film i fotografija
da sačuvaju mesto kao onaj nostalgični miris,
kad se pesnik seća svog prvog mora?

Neko se tu setio pesnika
i napisao na tabli:
„Zašto si ostavio konja samog?"
Neko se nadao odgovoru:
„Kuće umiru kada njihovi stanovnici odu..."
Evo šta je ostalo od Al-Birve
posle 1948:
beli konj od krede u staroj kamenoj školi,
otisak, miris i poezija.

Moja poslednja noć u Dženinu
pijem kafu s petoro prijatelja
(oni nisu mogli sa mnom u Al-Birvu
nemaju pravo da dodirnu Galilejsko more).

Oni kažu:
„More...
More je bilo veoma važno u Darvišovom životu
jer vrlo je važno u palestinskom životu."

On kaže:
„Imam jedno opasno priznanje.
Svakoga dana plivam u moru, koje pripada Državi Izrael
a ne gradu Haifi, a nemam dozvolu da ulazim u to more.

Nemam dozvolu da sedim pod tim nebom.
Onda tražiš dozvolu da živiš u vetru, a oni se smeše."

Ja kažem:
„Ono nedostižno tamo, bolno blizu dovde.
Gde je osnovno ljudsko pravo
da se jednostavno pliva u moru,
da se bezbedno sedi pod nebom,
pravo da se živi u vetru?"

Dženin je ukus kafe s kardamonom
u ponoć.

osećam muškarce oko sebe
u ratu koji ne prepoznajem
naopaki krst

PRVI SNEG

Kad se vratim u Beograd,
zima je već stigla.
Zime je svima dosta
osim mom svetu i meni.
Hladnoća je hladnija nego pre.
Čeznula sam za njom.
Čeznula sam.
Beograd zimi
ima lepotu silnu.
Mrtvi labudovi
u zaleđenim rekama.
Tišma,
stara duša iz izgubljenih dana,
kaže da je poezija poput smrznutog labuda.
Mećave pokrivaju skulpture grada.
Skulpture koje sam naučila da čitam,
skulpture koje pokazujem ostalima.
Ljudi se greju
u zadimljenim barovima
i krevetima.
A svi koje znam
pokušavaju da se oslobode,
želje
ljubavi

očekivanja
ljubomore
odgovornosti
duga
nesigurnosti
usamljenosti
i bola.
Beograd je očajan
i veličanstven takav.
Psi nas prate u autobuse,
ljubavnici razmenjuju bolesti.
Moj ljubavnik ne čita moje zadovoljstvo.
Moj ljubavnik je mornar,
i sa mnom se poslednjom oprašta
pre nego što krene na more.
Ulazim u kafić
a devojka sa dijabetesom leži
ispružena na stolu,
sa iglom u ruci.
Dečačić preko puta
igra se crvenom loptom
boja cvetova hibiskusa našeg,
koji se otvaraju svakog jutra,
a svake noći zatvaraju i padaju na pod.

Beograd je miris grmljavine
dima od cigareta
i prvog snega.

senke ne osećaju bol
kažem
i uzimam ih u naručje

ŽENE U CRNOM

Tamo
u uvrnutom pušačkom gradu,
stižem kasno u bar po imenu *Tri*.
Pronađem njih tamo
pijani u senci,
kako jure kroz sastanak
o filmu koji snimaju.
Crno-beli film
o naelektrisanom Beogradu.
Strajk i Marina, oduševljeni.
Strajk, stari panker sa ožiljcima,
razuzdan, bezobrazan, čudesan,
Marinina muza, njen glavni glumac.
Marina, sirova režiserka, bezobzirna, opaka lepotica,
nagla i tvrdoglava,
baš kao i on.
Izbacili su je iz filmske škole Bele Tara u Sarajevu, priča se.
Sreli su se u baru, priča se.
Strajk bi bio njena zvezda.
Strajk mi vidi oči.
Čuje da sam Holanđanka.
Strajk, zanesena, briselska duša,
pokušava da izgovora meke flamanske reči
probijajući se kroz grubi francuski.

„Ti," kaže Strajk, „moraš biti u našem filmu.
Te krupne zelene oči."
I on gestikulira rukama,
diže ih mimo svojih upalih jagodica,
praveći na kapcima zamišljena Kleopatrina krila.
Ustajemo da krenemo.
Usledi svađa.
Strajk, čuvar gotovine,
sve je izgubio.
Marina je besna, Strajk leprša u svemiru.
Hvatam ga za ramena, gledam u oči i smešimo se jedno drugom.
Pretražujem mu džepove, džepove za cigarete,
prazne džepove, prljave džepove,
dok on, naše dete, uživa.
A tamo, skrivena duboko u nekom zabačenom džepu,
gomila gotovine.
Sa nestašlukom u očima on nam je predaje
i smejemo se, platimo, odlazimo, kroz hodnik do vrata.
A onda Strajk, najneobuzdaniji čovek na štakama, padne.
Alkohol ga uzima pod svoje.
Dok on leži na hladnom kamenom podu,
žurim da mu pomognem da ustane.
Marina je ozlojeđena sa strane.
Strajk odbija svaku pomoć, viče:

„Vi lepe žene u crnom, bežite od mene!"
Od senki do zvezda.
„Uvek to radi," kaže Marina.
„Ostavi ga," kaže Marina. „Vratiće se sam."
Strajk se pojavljuje, Strajk ide za nama, Strajk je napolju.
Dve mračne žene hodaju kući
hladne januarske noći.

on menja mesta
sa kraljicom mrtvih
sedam semenki nara

PERSEFONA I MORNAR

Mornara upoznajem dok igramo bilijar
u tajnom baru kod crkve Svetog Save.
Moji protivnici su dva pesnika.
Damir, mornar, piše haikue –
kratke isečke svog uma
koje nosi sa sobom na more.
Marko živi u Mostaru
i piše duge, mračne pesme o ljubavi,
patnji i poroku.
Sabrane u njegovom *Crnom molitveniku*.
Damir i ja motamo cigarete u uglu.
Ruke su mu prekrivene tetovažama.
Damir je drugi oficir na velikim teretnim brodovima.
Na moru je pola godine.
Drugu polovinu provodi u Beogradu
gde mu živi mlada ćerka.
Damir je Crnogorac
rođen u Kotoru kraj mora.
Ima tamne oči i tamne podočknake oko očiju
i nevaljali kez,
koji mi govori da voli nevolje i krajnosti.
Damir me je pozvao u prvu noć.
Još jedna Škorpija.
Sasvim sama.

Ponekad izgubljena.
Zaglavljena u svojim običajima.
Preživljava želju.
Budistički šegrt.
Damir mi govori
kad kažem da sam Blizanac,
da on ume naći sazvežđe Blizanaca
na nebu. Na moru,
mornari gledaju zvezde.
Motamo još jednu cigaretu.
Kastor i Poluks, blizanci,
zaštitnici su mornara.
Tako kažu mitovi.
Damir sutra kreće za Milano,
pita me da se vidimo za dva dana
kad se bude vratio.
Damir mi šalje haikue
da ih čitam dok je on na putu.
A njegove pesme,
koje on zove songovi,
pritiskaju mi telo s njegovog tela
u toploj, njegovoj omiljenoj boji.

ona crvena što si mi je pokazao
što ima onaj ukus
dođi brzo, dođi još brže

ZAZA

Sa jedinog beogradskog minareta
pevao bi sablastan glas,
na ulici koju sam zvala svojom
neko vreme.

Ali pre toga,
pripadala mi je jedna druga ulica
gde se visoko krila skulptura anđela,
i svaki put kad bih prošla,
podigla bih glavu i videla je kako ruku spušta,
da nagradi one što zastanu da je pogledaju.

A ja sam cirkulisala
između Resavske i Birčaninove,
gde je mornar živeo,
od zime do proleća.

Kada sam prvi put došla na njegova vrata
on je stajao tamo, tek stigao s puta,
i cerio mi se,
naizgled stariji i sa više životnih ožiljaka
no što sam pamtila.

Doneo mi je crno vino iz Milana.
Hladno crno vino iz frižidera.
Hladno crno vino koje sam naučila da prihvatim,
ali nikad da cenim.

Pričao mi je o svojim ranim danima u Kotoru i na moru.
Pričala sam o Amsterdamu i Mahmudu Darvišu.
Činilo se da se on odlučio za mene,
a ja sam se odlučila za Beograd.
Upoznala sam njegovu ćerkicu.

Zatim je mornar došao kod mene.
Bio je hladan februarski dan, Sveti Valentin,
i otpevao je pesmu o čoveku opsednutom devojkom
po imenu Malena,
beogradskog benda Idoli iz 80-ih.

Fotkala sam ga
crno-belo
s pogledom na Beograd u sivoj boji.
Dao mi je svoje zbirke poezije.

Ponekad bih primetila
blagu promenu u njemu,
i tada sam shvatila nešto o njemu,
nešto što sam odlučila da zanemarim.

Sutradan je on krenuo za Tajland.
Mornarski odmor pre šest meseci na moru.
Pogledao me je i rekao:
„Dolaziš mi u posetu, zar ne?"
Tada je otišao.
Proći će pola meseca
i ja ću otići kod njega.

Posle njegovog odlaska, noći sam provodila po gradu.
Dok je mornar goreo na suncu jugoistočne Azije,
ja sam se grejala u beogradskim barovima.

Dok je on razgovarao s pticama što govore,
ja sam jedne noći na podu svog stana
pronašla bubašvabu na leđima,
i u trenu prema stvorenju osetila toliko saosećanje i ljubav
da sam je stavila u teglu sa korom jabuke i šećernom vodom
i nazvala je Zaza, po drugarici bubašvabi jednog dečačića
iz jedne holandske knjige.

Dečačića koji komunicira sa bubašvabama
i drugim neprilagođenim stvorenjima.

Zaza nije preživela moju šećerno-vodenu ljubav.
Jedva je jela a kad god bih je obišla,
činilo se da se bespomoćno batrga na leđima
ili je samo ležala tamo, nepokretna,
zbog čega sam se zapitala da li bubašvabe
tako prosto spavaju, ili je ona na samrti.
Posle dva dana toga,
tihog razgovora s mojom bubašvabicom u tegli
između kasnih noćnih lutanja,
Zazu sam našla mrtvu.

Pitala sam se
da li bubašvabe,
koje bi trebalo da mogu preživeti nuklearnu apokalipsu,
može ubiti previše ljubavi.
Zazu sam sahranila u kontejneru za smeće ispred mog stana.

Tada sam shvatila da joj je to od samog početka bilo
najbolje mesto da preživi,
a ne tegla s korom od jabuke i šećernom vodom
na februarskom balkonu u danima nakon Svetog Valentina.

nova kompozicija
kad sanjam sanjam sama
ne mogu da plačem

JURENJE MILANA

Marija dolazi po mene
i vozimo se do Pančevačkog mosta
da se nađemo sa Strajkom, Marinom i Denisom Lavantom,
i da snimimo jednu scenu u vozu.

Kažem joj da me je ljubavnik pozvao na Tajland
a ja ne mogu priuštiti da idem,
a Marija mi kaže da se javim njenom drugu Milanu,
koji radi za jednu aviokompaniju
i dobija popuste na letove.

Opijena od želje
zovem Milana i za tili čas,
let mi je sređen,
pre nego što shvatim da katkad ovde prijatelj
nije stvarno prijatelj,
već neko poznat iz grada
koga niko zaista ne poznaje,
niti mu veruje.

Letim tamo i nazad,
i sad se mislim
da bismo uvek mogli tako da letimo,
rešenje za život umetnika
sa niskim primanjima.

Moji prijatelji u bendu na turneji pitaju me
da im se pridružim u Meksiku,
a mesecima sanjamo o tome,
i ja pristajem.
Zato moja prijateljica predlaže da zovemo Milana
da nam pomogne oko letova,
i gubimo se u mesecima magle.

A kasnije mi moj čovek iz Istanbula
čita moje sudbinu
na dnu šoljice kafe,
i kaže mi da ću morati da biram
između puta koji izgleda lakši,
gde ću stajati sama,
i teškog puta,
gde ću dobiti pomoć.
Ali on mi prekasno čita sudbinu
i već sam izgubila.

Novac je nestao,
i karte nikada ne stignu,
a delovi počinju više da se otkrivaju
kada nam Marija jedne večeri kaže
kako Milanove karte nisu prihvaćene na aerodromu.
A onda prizna da oni zapravo nisu prijatelji,
i drugi prijatelji koji čuju da smo upleteni u to
počinju da nam govore da je on patološki lažov,
da mu ne treba verovati.

I shvatamo
da smo sanjali predaleko i preširoko i previsoko,
toliko je lepote kad sanjamo,
da se ponekad izgubimo i padnemo,
perje pada na suncu.

Jurenje Milana postaje deo našeg sveta
nekoliko meseci,
a on pokušava da nas uveri
da sve će biti u redu,
da on nije kriv,
da je glavni njegov prijatelj,
a Milan nestaje
sa stipendijom u Indoneziji.

A pošto smo izgubile novac i letove,
jednoga dana odlučim
da ne mogu u Meksiko,
nije moja svirka na kocki.
Kao jedina od nas s novcem,
preuzimam punu odgovornost
i kupujem nove karte za bend.
Gledam ih kako odlaze bez mene,
i mesecima jurim Milana,
dok se ne vrati u Beograd,
još uvek izbegavajući svaku krivicu.
I mine skoro godinu dana
pre nego što mi Milan vrati prvu ratu,
a zatim ponovo nestaje,
ovoga puta u Kini,
i nikad ne vrati ostatak.
A ja dajem izjavu
policajcu u apsurdnoj policijskoj stanici,
koji puši cigarete jednu za drugom
u prašnjavoj kancelariji,
punoj visoko naslaganih kutija.

I Milan Jovanović
se još nije vratio u Beograd,
a ja sebi nikada nisam do kraja oprostila
što sam bila tako sanjivo naivna,
i što sam pošla putem što mi se činio lak.

između dva prozora
ona lebdi, ledena toplota
zatvoriću se za tebe

OD AERODROMA DO BRODA

Avgust je kad pobegnem iz Beograda.
Vraćam se u Amsterdam na deset dana.
Mornara ne viđam već neko vreme.
Vremenom smo raskinuli, ne mogavši da se razumemo
sto života jedno od drugog.

Poslednji put kad smo se sreli
iznenadili smo jedno drugo na žurci,
i odvela sam ga kući sa sobom,
gde smo jurili uzbuđenje koje smo zajedno poznavali
na plaži na ostrvu u Andamanskom moru,
i razgovarali smo, i smejali se i pušili,
i videla sam sav njegov gubitak i svu njegovu bespomoćnost,
i svirala sam pesme na svojoj gitari,
i u sitne sat, mornar je otišao,
zatvoren i otvoren u isto vreme.

Vratila sam se u Amsterdam,
gde mogu da dišem.
Mornar mi piše kasno u noć.
Odlazi na more i preseda u Amsterdamu,
na putu za Panamu
odakle polazi njegov teretni brod.

Sutradan odlazim iz Amsterdama,
vraćam se u Beograd.
Bićemo na istom aerodromu u isto vreme.
Tako da se nalazimo.

On me zatiče kako čekam kod prodavnice viskija.
Sedimo zajedno sat vremena dok ja pijem kafu, on ne,
dodirujući se ramenima kao i pre i ja mu pokazujem
knjigu fotografija sa slikama Amsterdama
iz objektiva Martena van der Kampa,
zavisnika i manekena
koji je postao ulični fotograf.
Sirove, bizarne i prelepo ružne.

Kada dođe vreme da krenem,
okrećem se prema njemu i pitam ga
da li je primio moje pismo od pre nekoliko meseci.
Gurnuvši mu ga ispod vrata,
znala sam da nikada neću čuti ni reči
od čoveka koji pola života provodi sam u kabini na moru,
gde ga oluje bacaju levo i desno,
okružen samo ćutljivim muškarcima.

Mornar kaže samo „*da*," na onaj svoj način,
nestašan i zbunjen.
Smešim se, bar ga nisu ukrale komšije.
Opraštamo se zagrljajem, njegova usta pronalaze moja,
i njegove reči,
„Uživaj u *životu*."
Moje reči, u odgovor,
„Uživaj u *moru*."
Tek tako, ja sam poslednja osoba u njegovom životu
koja ga ispraća na more.
Uzimam torbe, okrećem se,
i nestajem u gužvi i svetlima aerodroma.

ovde sedim u novom parku
tamo moj prijatelj sedi u mom
senka njegovog oca na suncu

TVIN PIKS

Toga leta
Dragić i ja gledali smo zajedno Tvin Piks
u njegovoj kancelariji na Dedinju.

On se vratio u Beograd
godinu dana pre nego što sam ja došla,
posle godina rada u inostranstvu
u Siriji i Saudijskoj Arabiji.

U njegovoj kancelariji,
prostran stan sve s dnevnim boravkom,
kuhinjom i spavaćom sobom,
razgovarao je s medicinskim sestrama
da ih pošalje na rad u saudijske bolnice,
gde je manjkalo osoblja
a plata bila bolja.

One noći kada smo počeli da gledamo
bila je električna oluja.
Nešto u vezi s tim vremenom bilo je gotovo savršeno
u svojoj lakoći i zabavi i elektricitetu.

Dragić i ja smo se sprijateljili
čim smo se upoznali na žurci na koju smo upali,
a prvi put kad smo se našli sami,
i vodio me je da vidim zlatne kripte
Crkve Svetog Save,
i divili smo se neizmernosti
kitnjastih enterijera
te velike bele crkve.

Vukli smo jedno drugo
kroz vremena tuge
i nesanice,
i postali poput porodice.
Voleo je da mi donosi hranu
kako ne bih zaboravila da jedem.
I jedne noći
kad sam bila vrlo potištena,
više od pola godine
posle našeg leta Tvin Piksa,
Dragić mi je pozvonio na vrata
u 4 ujutru,
jer ponovo nisam mogla da zaspim
i bila sam izgubljena i očajna.
I on se brinuo o meni,

ostao je sa mnom čitave noći,
štitio me od onih noćnih mora
što će nastupiti
kad me nesanica buda pustila,
i opet me hranio idućih nekoliko dana.

Tramvajem smo prešli Savu
na kinesku pijacu na Novom Beogradu,
pa smo posetili njegovog oca,
u stanu gde je Dragić odrastao –
pola vremena tu, pola u Ljubljani
gde mu živi majka.

Njegova sestra mi je jednom ispričala
da je Dragić, kad je bio dečak,
pokušao je da vozi bicikl
od Ljubljane pa sve do Beograda
za vreme rata,
jer je bio ljut na majku.
Onda mi je pričala o Tariku, svojoj bosanskoj ljubavi,
i kako tokom prvom letu rata
kad su bili tinejdžeri na hravatskom moru,
prkosili novoj stvarnosti po kroju odraslih
i ostali duže no što su smeli,

voleli se na suncu.
I kad su morali da ostave leto iza sebe,
njega su poslali u rat i poginuo je.
A ja sam, slušajući je, odlično shvatila
da njeno mladalačko ja još voli tog momka,
trideset godina nakon što su im ljubav ubili.

Dragićev otac nam je napravio sarmu,
i odveo me u stranu u kuhinji
da me pita događa li se nešto
između mene i njegovog sina,
govoreći kako bi mu bilo drago zbog toga.
Nasmešila sam se i rekla
da mi je Dragić najbolji prijatelj.
Dragićev otac je bio divan čovek,
koji je godinu dana kasnije otišao sa ovog sveta,
prerano,
i sahranili su ga prvog aprila,
za šta mi je Dragić rekao
da je vrlo prikladno,
jer bi to beskrajno
obradovalo njegovog oca,
velikog šaljivdžiju.

koliko treba vremena
da se reka očisti od rata?
bosanska polja nane

SARAJEVSKI ANĐELI

U snu idem vozom do Sofije.
Iz voza izlazim u Sarajevu, sama.
Satima lutam ulicama,
divim se bezbrojnim kipovima anđela u gradu,
blistavim i belim.
Ulazim u izložbeni prostor ispunjen još više anđelima,
napravljen od belog mermera.
Hodam ispod visokog železničkog mosta.
Na kraju, istražujem različite spratove i sobe
neke čudne, napuštene zgrade gde pronalazim
svoju staru ljubav,
kako radi na svojoj muzici.
Poželimo dobro jedno drugom, i ja nastavljam svojim putem.

U Sarajevo dolazim prvi put, sama,
otprilike šest meseci nakon tog sna.
Novembar je, tužna sam i pomalo slomljena,
i zaključujem da je vreme
da posetim taj grad svojih snova,
neko čudno usamljeno hodočašće.
Uglavnom se šetam, tražim one kipove anđela iz svog sna.

Tokom mojih šetnji, pomislim kako je čudno
osećati se kao da poznajem Sarajevo,
iako je grad u mom snu izgledao drugačije,
sa svim onim belim anđelima
raštrkanim širom grada.
Nalazim spomenike, kipove, crkve i džamije,
ali na anđele nailazim samo jednom.
Dva heruvima – postavljena visoko
na zidovima Muzeja XIV zimskih olimpijskih igara,
koji su održanih u Sarajevu 1984. godine,
manje od deset godina pre nezamislive opsade.

Srećem se sa Đinom, Amerikankom godina moje majke
u hotelu *Evropa*, ekvivalentu beogradskog hotela *Moskva*,
i pijemo kafu u njegovom starinskom bečkom kafeu.

Ona je nekada bila glumica, dugo je živela u Londonu,
gde je za vreme rata devedesetih upoznala
prognanog sarajevskog umetnika,
koji će joj najpre postati najbolji prijatelj, kasnije muž.

Na kafi u hotelu *Evropa*,
ona mi priča priče o svom prvom dolasku u Sarajevo.
Kao i za mene, i za nju je taj grad bio poseban dobrano
pre nego što je prvi put kročila u njega.

Svih onih godina za vreme rata,
ime Sarajevo se ispoljavalo u njenoj stvarnosti
kao neko mesto za koje zna da je njeno,
mesto koje mora da vidi.
A kad je konačno krenula za Sarajevo,
kada se rat tek završio i muž mogao da se vrati kući,
plakala je na aerodromu kada je videla kako slova tvore
reč njenog novog grada
S A R A J E V O
na svetlom ekranu polazaka.

Tih prvih dana u gradu,
oni bi hodali ulicom, a muškarci i žene bi ih uvlačili u kafane,
plakali i vikali da je on živ, da se vratio,
čovek koga je grad toliko voleo,
i satima bi pili i razgovarali, okruženi starim prijateljima.

Predaje engleski jezik na univerzitetu, oboje ih izdržava
pošto on nije stvoren za zarađivanje novca,
već živi samo u svom carstvu
pisanja, slikanja, razmišljanja, sanjarenja, pijenja.
Ne verujem da će ona ikada napustiti Sarajevo.

Poslednje noći,
sanjam san za koji znam da je vizija.
Kod kuće sam u Amsterdamu i brinem se
o malom bosanskom dečaku,
starom oko pet godina.
Izuzetno je bolestan i potpuno sam.
Držim ga u krilu.
Ima temperaturu i povraća.
Plašim se da neće preživeti,
Plašim se da će razboleti ostale ljude u kući,
ali znam da može izdržati ako budem li nastavila
da se brinem o njemu.
Dajem dečaku svu ljubav koju imam
i čistim bljuvotinu, grejem ga, čuvam ga.
Budim se uznemirna, znajući da me je posetio
duh Sarajeva, duh deteta iz rata.

Pitala bih gazdaricu da li je tu nekada živeo neki dečačić,
ali ne želim da je potresam,
pa se opraštam i zadržavam svoje vizije za sebe.

Vraćam se u Beograd kroz divlju bosansku prirodu,
tužne prazne gradove, pored hladnih reka.
Dugački, široki bulevar Kneza Miloša,
gde me ostavljaju kola,
već je ukrašen beskrajnim žicama blistavih lampi,
novogodišnjim ukrasima sa satovima
koji listom pokazuju isto vreme,
5 do 12.

ne zaboravi ih
te leptire
čak ni u mraku

MAČKA NA DORĆOLSKOJ ULICI

Noć je u Beogradu,
a ja stojim s njim na jednoj dorćolskoj ulici.
On mene jasno vidi a ja ne mogu a da njega ne vidim
povezanog s Vedranom.
Vidim daleko u njihovu prošlost,
vidim ih sada,
vidim ih tada,
i ne mogu da zamislim sebe još upetljaniju u njen život.
Ipak, dok se spremam da krenem,
jedna mačkica počinje da nam kruži oko nogu
i povezuje nas.
Životinje uvek privlači ono što je čisto i istinito.
Razmišljam o tome dok sama idem kući.

On me ovlaš dodiruje po ruci, poput leptirovog krila.
Nije bitno, razmišljam.
Realno je samo ono što se oseća kao dobro.
On je lagan i razigran poput ptice.
Nestrpljiv je i teško mu je da razume ljude koji čekaju,
koji ne slede odmah svoje
želje, porive, osećanja.
Život je vrlo kratak, veruje on, sad sad sad.

Svakog dana on napravi kolaž
prikaže neki trenutak u danu.
Smešan, ljubak, lep, naivan dok istovremeno
prodire pravo do srži.
Kao svedočanstvo o sitnicama i likovima
koji čine svakodnevni život.
Njegova umetnost je drugačija
od svega što sam videla.

Dok radimo na jednom filmu,
svi zajedno provodimo dane.
I nije li zanimljivo, mozgam kad sam sama,
koliko lako uvek postanem deo bilo kog
sazvežđa blizanaca,
i stapam se, spajam, povezujem.
No ta tanana trećina takođe nosi svoje opasnosti,
i moram se podsećati da sam ja i dalje ja,
ne ona, ne on,
ne lepak da popravljam nešto što se lomi,
ni šolja kuvanog vina za utehu u hladnoj zimskoj noći,
ni ljupka statistkinja
koju načas vidiš kako tužno puši u onom crno-belom filmu.

I tako su upletenosti fiktivne a stvarne,
i pokušavam da pustim ovu srebrnu nit između nas
da ide dalje bez mene,
dok se ne pustim pred dubokim dodirom.

Doček je nove godine i izlazimo pre ponoći
da uhvatim nekoliko trenutaka nasamo,
i on me ljubi u liftu
i napolju na mračnoj ulici,
gde nas prijatelji iznenade.

Badnje veče je
i on me posećuje visoko na 13. spratu.
Ovde se muškarci plaše visine.

Božić je, 7. januar,
i ja ih čekam
na stepenicama crkve Svetog Marka.
Ovaj Božić liči na proleće.
Nosim lapis i crni pliš
i osećam miris mošusnog tamjana
kako struji iz crkve.
Oni se, kao i uvek, pojavljuju u crnom.

Zajedno provodimo moju poslednju beogradsku noć
pre nego što otputujem u Marakeš.
Hodam pored Vedrane mračnom vračarskom ulicom
i smejemo se dok posmatramo ona dva visoka,
lepa muškarca,
što hodaju ispred nas.
Zajedno se napijemo i setimo da ću uskoro biti u Maroku.

Večeras mislim da previše brinem,
najzad, mi smo umetnička porodica.
Briga će se kasnije ponovo pojaviti,
sa svim zamagljenim i isprobanim granicama.

On me te noći prati kući,
i divimo se lavljem licu isklesanom od kamena
na pročelju jedne zgrade.
Zajedno provodimo moje poslednje beogradske sate,
a onda nosim svoju kožnu vikend torbu napolju u 4 ujutru
i nakon što se oprostimo, on kreće kući –
umetnik svakodnevnog
i izvanrednog.

senka galeba
prelazi preko
njenog lica

SENKA GALEBA

Prvi put kad sam je videla,
Nina je nosila crvene cipele,
a njena duga plava kosa bila je puštena,
padala joj do struka.
Suočena s teškim izborom,
izborom s kakvim sam se i ja suočavala,
došla je da razgovara sa mnom
i odonda ostala blizu.

Nina i ja
smo daleko stigle zajedno,
delile život na mnogo načina,
i planirale da ponovo živimo zajedno,
ali ponudili su joj posao u Njujorku
dok ja sam se vratila u Beograd,
ona u potrazi za naukom
a ja za umetnošću.

Prošlo je godinu dana
i završile smo posao.
Ona je zauvek napustila Njujork
dok sam ja Beograd na mesec dana,
rano jednog januarskog jutra,
da bismo se konačno ponovo srele

na aerodromu u Marakešu.
Ninina kosa bila je duga i svetla
– postane takva na suncu –
a naglasak više američki,
što se dogodi prirodno svaki put
kada ona boravi u Americi,
poljska devojčica koja je odrasla
na drugoj strani jezera Mičigen,
a zatim se vratila u Evropu.

Noću u našoj sobi
u *riadu*
razmenjivale smo priče
i na kraju se pogledale,
pitajući se jesmo li se promenile.
I obe smo priznale da je tako.
Ali kako rečima objasniti šta se promenilo
u tako bliskoj prijateljici?
To je način govora,
naglasak, čak i glas.
Ali najviše od svega,
to je duboko unutra.
Mogle smo čitati jedna u drugoj
otiske gradova

koji su nas oblikovali,
i razgovore koje smo vodile
sa ljudima u svakodnevnom životu.
Nina mi je rekla da je Njujork
muški i prljav,
grub i neuredan,
a ja njoj da je Beograd ženski,
senzualan i spor,
ali tako nabijen i intenzivan,
i upravo tu i tamo
dogodila se većina promena.
Nina je postala oštrija i tvrdoglavija.
Sada je imala određeniju ivicu,
u suprotnosti s njenom uvek lepom zamućenošću.
I ja sam postala još zasićenija nego pre
jezikom svojih snova.
Možda mi je smekšao govor,
razgovori postali nežniji,
a izrazi i iskustva
pesnički u srcu.
Ali Nini i meni nije bilo teško
da opet nađemo sopstveni jezik.
Ja bih bila grimizna
a ona detelina.

Rekla mi je da Njujork
ume biti borba,
njen odnos prema gradu odnos ljubavi i mržnje,
ponajviše zbog toga
ljudi razgovaraju jedni s drugima.
Toliko osude
u raščlanjivanju drugih,
no reči toliko odmerene
da budu neuvredljive i korektne.
Ali ipak je to bio Njujork,
a Nina kao Nina, umela je da se beskrajno zabavlja.
Moje mesto je bio Beograd.
Grad je izabrao mene
i živela sam baš onako kako sam želela,
ponekad se i sama iscrpljujući
time kako sam se davala drugima,
i trčala tako neobuzdana i slobodna.
Jer ta sloboda
ima cenu.
I izgleda
da uvek moramo nešto žrtvovati
da bismo dobili nešto drugo.

Nina i ja smo se doterale,
i pile crno vino
u plavim plišnim rukavicama
i s tamnocrvenim usnama
u *Grand Café de la Postu*.
Prišao nam je čovek
koga ćemo kasnije zvati Prins,
i pozvale smo tog druga lutalicu
da luta sa nama
do Esaure na moru,
gde smo ostali neko vreme
jeli ostrige
i sekli slanu penu
pod nogama.
Nakon što smo prošle kroz planine
i pustinju,
gde nam je neki čovek pričao zagonetke
i smo snimale scene u pesku,
morale smo se vratiti
svojim različitim svakodnevnim životima,
i odjednom se obrele
kako sedimo na aerodromu,
i čekamo zasebne letove.

I plakale smo dok smo se ponovo opraštale,
kao toliko puta ranije,
ona je otišla u Amsterdam
a ja u Beograd,
gde sam nastavila našu verziju
Grimizne i deteline.

Danas smo obrnule uloge
ona i ja.
Neobuzdane smo na različite načine,
a ponekad
ostajemo bez reči.
Ali jezik uvek ume
da poprimi nov oblik.

brza je noć
ona nestaje
iza krivine

NAJLEPŠA ŽENA U GRADU

Hazal pali cigaretu
i pita me,
slažem li se da Bukovskog
treba zabraniti na univerzitetima,
jer je mrzeo žene
i grozno se ponašao prema njima.
A ja
iako volim Hazalinu vatrenu žensku snagu
i beskrajnu energiju za borbu i ljubav,
jednostavno se ne slažem.
I kažem, možda on i bio
mizogina svinja, ali njegovo delo je iskreno
i treba da bude slobodno dostupno za čitanje.
Zamišljajući prazne, jednostrane univerzitete
onih ljutih i uplašenih,
mislim da se sve strašno izgubilo.
I opet ćemo morati da odemo u jednu krajnost,
dok ravnoteža ne bude mogla da se vrati.

Hazal je to poslednja noć u Beogradu
i idemo da se pozdravimo sa istanbulskom ekipom,
i vraćamo se pod ruku do njenog stana.
Hazal je mala kraljica,
s najmekšim uvojcima na mojoj koži,

i dok obožavajući tonemo u san,
njena slatka so mi još ostaje jeziku.

Ujutru hodam tako polako do Kalenića,
gde me Dragić tih dana gosti
dok se ne budem preselila na Dorćol.
I dok prolazim kroz pijacu,
ne primećujem, u svojoj izmaglici od Hazal,
neupadljive ruke koje mi dižu novčanik.
Tako da počinjem od samog početka.

I prva priča koju čitam,
te prve noći u svom novom stanu,
jeste „Najlepša žena u gradu" Bukovskog.
Omaž Hazal.
Bukovski je zaista voleo tu Kas,
najružniji tip i najlepša žena
koja pokušava da uništi sopstvenu lepotu,
mislim se
dok sama tonem u san,
čekajući da se konačno osetim kao kod kuće,
i razmišljajući kako je lepota često prokletstvo.

u ruci
nosim
naša srca

24 SATA

Pred početak leta
progoni me izrazita seta.
I uprkos lepoti sezone božura
obuzeta sam bolovima odrastanja,
rastrzana između zemalja,
između slobode, čežnje i ljubavi,
i traženja svog mesta
u domu sopstvenom.
Krećem na boks u znojavoj teretani
punoj krupnih srpskih muškaraca,
s trenerom koji liči na negativca iz svakog holivudskog filma,
i smeši se široko pokazujući veštačke bele zube,
i vrlo sam mu draga
na njegov grub način.

Mislim da bih se možda udavila
u silnoj tuzi,
da nije bilo ona 24 sata
između 3. i 4. juna.
U tim satima između dana,
sastali su se jedan umetnik i jedan pijanista
da se okušaju,
da otkriju više,
da pomeraju granice života i umetnosti,

da istražuju svoje zvukove i slike.
Prijatelji su sklopili pakt
da 24 sata crtaju i sviraju
bez prestanka.
Predstava je održana u drvenoj kući
građenoj za umetnost u prirodi.
A njihovi prijatelji
bili su pozvani da se pridruže,
dok se njih dvojica
igraju senkama vremena.

One noći pre našeg odlaska
na ta 24 sata izvan vremena,
Sašo mi kaže da prolazi kroz Beograd
i traži da se nađemo.
Škorpija iz Plovdiva od pre sedam godina.
Piše mi baš kad se vratim kući
sa pisanja na *Brodiću*, splav na reci,
gde sam pila dok nisam utrnula
i našla se u stanju čiste poezije.
Sinhronicitet se pojavljuje kod Saša,
čoveka koji mi je poklonio
moju najdragoceniju pesničku imovinu,
crvenu džepnu knjižicu,

najlepše staro izdanje
Smrti i ulazaka Dilana Tomasa,
u kome se nalazi moja omiljena pesma,
„Ljubav u ludnici."
„Devojci ludoj kao ptice," napisao je posvetu.
Dogovaramo se da se nađemo rano ujutru
na Studentskom Trgu,
jer moram da putujem na dvadesetčetvorosatnu predstavu.
Kada se Sašo i ja zagrlimo posle sedam dugih godina,
preplavi me olakšanje,
i osećam se kao kod kuće s takvim prijateljem izdaleka.
Brzo se ispričamo za kratkih petnaest minuta i ja obećam
da ga uskoro posetiti u Bugarskoj.
Zasad se rastajemo, i ja putujem dalje.

Teško je opisati te minule sate.
Ima ona fotografija poslednje cigarete koju sam snimila
pre 24 sata.
Tu su mudre majke i sjajna deca,
deca koju ću učiti engleski kroz umetnost,
deca sa roditeljima koji ih uče životu
pokazujući male divlje stvarnosti,
što većini savremene dece nedostaje.

Umetnik počinje da crta za stolom naspram klavira.
Pijanista počinje da svira.
Svira sopstvene kompozicije,
pušta ih da teku kroz njega u svemir
sat za satom u različitim varijacijama,
produžujući, lupujući, eksperimentišući,
istražujući sopstvene zvuke.
Umetnik crta liniju za linijom,
popunjava praznog prostor belog papira
svojim prepoznatljivim crnim linijama,
tako preciznim, jasnim i oštrim.
A mi ostali podržavamo, gledamo, čujemo, sanjamo,
neki ulaze i izlaze, a mnogi odlaze posle nekog vremena,
dok nekoliko nas ostaje s njima čitave noći,
kao da držimo bdenje s njima, molimo se s njima.
U rane sate, nakon što je prošlo dvadeset sati,
neki od nas instinktivno ustaju i počinju da plešu
polako uz muziku, pomerajući s njima te poslednje sate.
Umetnik i pijanista su dospeli u stanje bezvremenosti,
iscrpljenosti i zanosa.
Za jednu noć i jedan dan izgradili su nov svet.

Posle ta 24 sata sve se pokrenulo.
Počela sam da se vraćam kući.
Počela sam da guram napred ka sporom razumevanju
zamišljenog i stvarnog.
Svašta je izrečeno.
Preduzeti su mnogi koraci.
Bila sam u pravu i varala sam se.
Pokušavala sam da izbegnem zamršenu ljubav.
Rekla sam uverena
da ti ne treba biti ljubavnik,
svako ko ti može biti srodna duša.
A kad nisam poslušala
svoje mudre reči,
pokvarila sam svoj obrazac
radići ono što mi je bilo najneprirodnije,
a do Svih svetih odlučila
da budem sama, ni sa kim.
Išla sam na mnoga mesta,
i uspela sam da se vratim sebi.
Vratila se olujama s grmljavinom i zamračenjima
na svetlosti sveća.

smrti i ulazaka
hodamo istim starim ulicama
svetlost je mekša

KNEZA MILOŠA

Ove godine u Beogradu
leto je opet brzo stiglo.
Kraj je juna,
a moja prijateljica Ivana kaže mi
da je upoznala starijeg muškarca, slikar,
i da bi on voleo da mu ona pozira.
Ona nikada nije pozirala gola,
pa joj kažem da ću joj se pridružiti,
ako je on stvarno umetnik.

Dogovaramo se da se upoznamo
pre nego što se slikanje zakaže,
i on nas poziva na intimno okupljanje
u svom beogradskom domu.

Te tople večeri šetamo Terazijama,
dok ne dođemo do ugla Kneza Miloša,
bulevar koji se spušta nizbrdo
s beskrajnim svetlima što obasjavaju.

Ulazimo u veliku staru zgradu na uglu,
i ona mi kaže da taj čovek potiče
iz jedne stare bogate beogradske porodice.
Hodnik je popločan i prostran,

penjemo se stepenicama i kucamo
na teška drvena vrata.

Kad se vrata otvore,
stojim licem u lice sa Džordžom,
čovekom s kojim sam se već upoznala,
poslednji čovekom kome bih želela da se poziram,
likom iz Marininog filma koga su neki opisali
kao najvećeg beogradskog sociopatu.

Ivana shvati da sam se iznenadila,
a ja kažem da smo se već upoznali,
tokom rada na filmu.
On ponaša se kao da zna,
ali ne seća se mog imena.
Ulazimo.
Unutra je još dvoje ljudi, muškarac i žena,
koji tek što su pojeli magične pečurke.

Sad vidim, u Džordžovom stanu,
prostor u kojem su snimali Strajkove scene,
balkon na kom on stoji i puši,
ispija čašu vina gledajući automobile
koji se voze niz Kneza Miloša,

dok se zavese otvaraju i zatvaraju.
Razgovaramo malo sa Džordžom,
a ja sam suzdržana, na oprezu.
Posle nekoliko minuta razgovora
gde ja govorim o filmu,
on odjednom kaže kako sve to vreme
nije imao pojma ko sam ja,
samo se sve vreme pravio da i mene poznaje,
ali sada tvrdi da razume.
Svaki put kad smo se sretali,
činilo se da me ne poznaje,
samo je iznosio neumesne opaske o ženama u sobi.

Džordž govori srpski
sa izraženim američkim naglaskom,
jer je odrastao u Sjedinjenim Državama,
zatim je živeo u Parizu,
a sada se vratio u Beograd,
da pokuša da povrati zemlju i kuće
koje su nekada pripadale njegovoj bogatoj porodici.
U vazduhu ostaju
prljave priče o novcu.
Njegova sestra je prijateljica sa princezom Srbije,
a porodica i prijatelji se svađaju

oko imanja u Zvezdarskoj šumi i tome slično.
Koliko ja znam, u Džordžu nema mnogo umetnosti,
iako je odličan glumac, koji glumi samo sebe.

Kad vidim Džordža
čujem samo njegov tekst iz filma,
„Novac, novac je zabavan."
To je za mene Džordž,
a ne taj šarmantni umetnik koga je moja prijateljica
mislila da vidi.
On prelazi na stvar, predlaže da sutra počnemo s radom.
Izgleda oduševljen što će dobiti dva akta
koji će mu pomoći da se vrati slikarstvu,
čime tvrdi da se bavio u svojim pariskim danima.
Izmišljam izgovor i kažem kako putujem van grada.
Posle pola sata izlazim,
napuštam veliki stan,
i smejem se do kuće.

Kažem Ivani da kaže Džordžu
kako sam se predomislila,
i kako mu neću pozirati.
Kad me ona pita koji razlog da mu navede,
kažem joj da me je baš briga.

Džordž traži moj broj od jedne druge glumice iz filma,
kaže joj da ne razume zašto sam nestala.

Džordža idući put vidim posle više od godinu dana
na premijeri filma.
I, veran svom liku,
on kao da me uopšte ne prepoznaje.

tvoj zlatno obojen glas
posle sezone Riba
još se ne zna šta sledi

VENERA U BELOJ PENI

Mislila sam da moram živeti zaljubljena,
odvojena od svih ostalih delova svog života,
jer nisam bila spremna
da vezu nosim punom snagom,
i suočim se sa onim što istina nosi u sebi.
Zato sam bežala od stvarnosti,
i zamišljala ljubav u kojoj mogu biti slobodna
od bavljenja svim vezama
što prolaze kroz mene.

I prihvatila sam poziv za Jadransko more,
Boku Kotorsku u Crnoj Gori,
te sam nedelju dana živela s dva muškarca koji se svađaju,
najboljim prijateljima, rediteljem i snimateljem.
Oni su me vozili po svojim omiljenim mestima na moru,
i ležali smo na kamenitim plažama,
i plivali ka crkvicama podignutim na ostrvima.

Ima jedno seoce na moru u Boki Kotorskoj
zvano Donji Stoliv, kuda smo iznova i iznova išli
da ležimo kraj vode,
u kafanici koju je vodila devojčica po imenu Adrijana.
Gore je Gornji Stoliv,
napušteno selo u planini.

Moji tihi koraci odveli su me od ostalih
da malo šetam sama,
i popnem se na planinu do Gornjeg Stoliva.
Prvo je bilo žarko popodnevno sunce,
drugo kip Venere u moru,
a treće devojčica, devojčica Zoe.

Venera je izronila iz mora,
kao onda kada se zamalo nisam udavila
u onim snažnim talasima kasno popodne na Veslu,
boreći se da se vratim na obalu
dok su muškarci stajali među stenama,
nesvesni da se zamalo nisam izgubila,
i fotografisali me u beloj peni,
nalik rođenju Venere,
ako se Venera rodila razbijena morem.

Devojčica je imala deset ili jedanaest godina,
i bila pljunuta mornareva ćerka Zoe.
Tu, u najmanjem selu na moru,
videla sam mornarevu ćerku prvi put
posle više od godinu dana.

Nekoliko nedelja tog proleća
sam zamišljala kako će biti deo mog života,
poželila bih joj dobrodošlicu.

Na planini sam pronašla ono napušteno selo,
ne sasvim napušteno,
gde su živeli jedna starica i jedan starac
u staroj kamenoj kući,
i njihov pas koji laje i konj koji pase.
Zaključana crkva, prašnjava kuhinja u pustoj kući.
Pogled na zaliv,
ovde je svetlost drugačija,
rasejana, praškasta, poput treperave prašine.

Onog dana kad sam napuštala Crnu Goru,
odveli su me u malu antikvarnicu koja je pripadala Meleu,
vedrom starcu sa mnogo ljubavnica i mnogo dece.

Privučena kutijom sa starim razglednicama i fotografijama,
izabrala sam:

vrlo tajanstvenu razglednicu na kojoj se vidi neki
zagrebački trg noću, a svuda unaokolo svetlost zvezda;

ulicu u Sarajevu, sa ženom i dva muškarca kako prilaze
foto-aparatu, datirana maja 1937;

pejzažnu fotografiju, četiri usamljena drveta sa suncem
što u pozadini zalazi za planine, ružičaste, žute, crvene i
narandžaste boje, datirana novembra 2000;

mladu ženu iz 40-ih godina, koja sedi u drvenom čamcu
u crnogorskom moru, okružena planinama, sa poznatim,
primamljivim osmehom na licu;

muškarca na jedrilici, u ležernom odelu i sa slamnatim
šeširom;

ženu iz 50-ih godina koja pozira na jezeru Lopio u Italiji, sa
ružom u kosi;

mladu devojku u belom koja stoji ispred kuće, datirana
1926;

tamnokosog, naočitog muškarca, kadriranog odozdo ispred nekog budističkog hrama, sa natpisom na poleđini fotografije:

„Još se ne zna šta sledi."

visoki mladić
tiho dolazi do mog kreveta
ne nosi ništa osim pesme

ŠALJEM ANĐELA

Sarajevo se puni u avgustu
tokom Sarajevskog filmskog festivala,
i tu sam samo na nekoliko dana,
noću se vraćam
u svoj omiljeni bar,
da pijem i pišem sama,
dok čekam Hazal i njenu novu ljubav
da mi se pridruže kad budu slobodni.

Sama u svom svetu reči,
samoću mi naprasno remeti
neka visoka prilika što mi prilazi
iz drugog kraja sobe.
Visoki mladić stoji tu
i pita može li da mi se pridruži.
Kaže da me je video kako pišem
iz drugog kraja bara,
što mu je ulilo nade i zagolicalo ga,
jer je pomislio da osoba
koja piše sama u baru
mora biti drugačija od ostalih,
i otvorena za neznanca poput njega,
i njegovo samotno društvo.

Kako sam to mogla da odbijem?
Iako izgubljena u mislima i pričama,
dozvoljavam mu da sedne sa mnom.

Ima samo osamnaest godina,
deset godina je mlađi od mene.
Nils, francuski mladić
sa nordijskom imenom,
koji ide autostopom po svetu
iz pariskih predgrađa.
To mu je drugi put u životu da je napustio Francusku.
Prvi put je imao petnaest godina,
i otac je odveo njega i njegovu mlađu sestru
da mesecima žive u Palestini.
Vrlo brzo shvatam
da nema ničega običnog u tom mladiću,
koji je odrastao siromašan na periferiji Pariza,
i sada slobodno putuje,
bez novca i veza,
prema Indiji.
Ispunjen radoznalošću
i strašću da istražuje,
razume i poštuje

tanane kodekse starog sveta,
i uspeo je da prepozna
srodnu dušu u jednom sarajevskom baru.

Pita me zašto sam tu
i gde živim,
a ja mu pričam o Beogradu,
poeziji, pozorištu i filmu.
Nils sanja o pozorištu
i želi da nauči još.
I ja u trenu vidim sve
i kažem mu da znam kuda treba da ide.
U Srbiji ima čovek po imenu Boško,
koji skoro pedeset godina živi u šumi.
U svojoj komuni
gde je u poslednje vreme jedini stalni stanovnik,
bavi se pozorištem i umetnošću
i dočekuje prijatelje i neznance.
Govorim Nilsu da je on najbolji čovek,
i mada Nils ne govori srpski
a Boško ne govori engleski,
to je nebitno,
jer Boško ume da komunicira sa svakim.

Njegov godišnji pozorišni festival
održaće se sledeće nedelje,
a ja ne mogu da prisustvujem
jer ću biti u inostranstvu.
Ali predlažem Nilsu da ode umesto mene.
Nils mi piše pesmu na francuskom,
stiže Hazal,
i opraštamo se.

Kad pozovem Boška da mu kažem za mladog Francuza
koji želi da deli i želi da uči,
on kaže: neka dođe,
bez i časka oklevanja.
I tako Nils upoznaje Boška,
i sve ostale iz njegovog sveta.
I dok ja prelazim okean,
prijatelji mi kažu
da sam poslala drugog anđela
u svom odsustvu,
zamenivši anđela anđelom.
Nils postaje voljen
od svih u okolini,
i drag Bošku,
sa kojim neko vreme provodi u šumi.

Nils i ja se ponovo srećemo posle godinu dana na leto,
kada nastupam na pozorišnom festivalu,
a on je ponovo došao sa svojom sestrom Elsom.
U zoru on me budi
sa drugom pesmom na francuskom.
Kao dva lika u bajci,
Nils i Elsa sviraju flautu i plešu
u divljoj travi.
Nils, mladi anđeo
koji je došao izdaleka kao i ja,
i umeo da prepozna
svoje ljude.

dan Svih svetih
noću pevam bluz
kasni plišani sati

POSLE SVIH SVETIH

Izgleda da sam stare delove sebe ostavila za sobom,
u svojim pitanjima u izmaglici u *Sinermanu*,
u svojoj trećoj šolji kafe prvog dana kiše,
i svojim pričama o letu
govorila sam tada sebi.
A putovala sam sama u Sofiju,
ponovo u 3 ujutru,
i osećala se lakše i rastrojenije
na jugozapadnom putu.
Ostale sam srela na ulicama Sofije,
i otputovali smo dalje.
U 3 popodne stigli smo na Staru planinu
i počeli da se penjemo duboko u šumu.
Magla je postala gusta
na naš dan mrtvih.
Staza se završila, zalutali smo.
Za piće je ostao samo viski,
ćorsokak drvoseče.
Sašo, Pešo i ja, nigde no nestali.
Znajući samo da idemo na jugozapad, pomoću kompasa,
pravo uzbrdo kroz drveće i žbunje,
a dole slomljena praznina.

Puzeći dalje, posle četiri sata,
zamišljala sam, u tamnoj vlažnoj magli,
kako nikada nećemo uspeti da se izvučemo,
da bismo pali i umrli posle dana Svih svetih.
Prosto ćemo nestali na divljoj bugarskoj strani
Stare planine, u potrazi za mestom koje zovu
Raj.

tamo gde spavamo
zamak okružuje krevet
plavo cveće

RASKRŠĆE

Izlazeći na snežnu ulicu
ispod zelenog minareta,
ostavljam muškarca toplog u svom krevetu,
nakon što sam sanjala da smo odrasli,
i nailazim na golubicu na samrti.

Ona je izabrala raskrsnicu Kralja Petra i Jevremove,
raskršće između judaizma, islama i pravoslavne crkve.
Brinem, ali ipak žurim dalje.

Sutra ću otići, zimu ću provesti bez
muškarca koji se vratio
da tumači snove u mom krevetu,
i decu o kojoj sam se brinula od jeseni do snega.

Kunem se da ću se vratiti po golubicu
pre mraka,
i na sastanku sam u kafiću u Vračar,
gde tražimo nove načine da nastavimo svoj rad,
kada mi jave da mi je umrla baka.
Najglamuroznija žena na jezeru Mičigen.
Izlazim na hladnoću,
zaboravljam sebe i kaput
i plačem za njom.

Sada umirući od želje da ponovo vidim
smrznutu golubicu,
ubrzavam korak, bez ikakvog plana,
zamišljam da ću je podići,
odneti je u svoj topli stan i povratiti je u život.

Golubica na uglu Kralja Petra
sasvim je nepomična.
Zatvorenih crnih okica.
Napustila je ovaj svet
kad mi je baka umrla.

Na raskršću Dorćola,
uzimam u naručje malu smrznutu golubicu,
i odjednom tačno vidim gde bi trebalo da bude –
da počiva u podnožju kipa
Anđela smrti.

Anđeo stoji
neumoljiv i pravičan,
u snažnim rukama drži
mali trup bez glave.

Govori samo istinu,
i prima sve koji se usude da dođu
do njegovih čvrstih grudi punih ljubavi.
Dok spuštam goluba
u beli sneg kod njegovih nogu,
polažem i eleganciju svoje bake.
Suze što naviru
sve puštam da teku,
sama u parku, obojena belo.
Sa svojom ljupkom malom golubicom
i njenim slatkim dahom na umoru
i svojim beskrajnim ledenim suzama
što padaju i tope sneg.

Kada se smrkne, idem da se nađem s prijateljima u crnom,
da pijemo svete menhetne u njenu čast.
A smrznuta golubica leži dok se vraćam u san
sa muškarcama koji se vratio
da tumači snove u mom krevetu,
i poslednju nežnu noć ljubavi koja raste s njim.
Dok se ne budemo svi ponovo sreli
još jedne godine zaredom,
pre ponoć na Novu godinu u Berlinu.

kiša posle sunca
a ona kao da je
divljija u srcu

SINOĆ U MORNARU

Strajk me zove i kaže mi da se vratio u grad.
A ja mu kažem da se nađemo u *Mornaru*.
Grad-oluja je opustošila grad a mene obuzima olakšanje.
Kad stignem, zatičem ga kako sedi leđima okrenut ka vratima,
i razgovara s Marinom, a Marina mi se smeši.
Strajk je u mornarskoj majici s plavim prugama.
Marina je u crnom, sa crvenim karminom
i zlatnim minđušama.
Oni piju crno vino, ja pijem pivo.
Dajem mu razglednicu s Juditom
koja je odsekla Holofernu glavu.
Strajk nam obema daje po mali Moleskin.
Moja je beo, potpuno beo.
Marina kaže da je čist.
Strajk se ubrzo napije i pravi nered.
Marina ima ljubav u Ljubljani.
Strajk pljuje na pod.
Film još nije završen.
Marina kaže da je njena ljubav zrelija od nje.
Strajk krivi lice.
Marina se plaši da će ga povrediti.
Stiže Stanislav.
Strajk viče, ni na koga posebno.

Stanislav mi priča o jednom izgubljenom izbeglici,
mladiću, kome pokušava da pomogne.
Strajk pokušava da dobije cigaretu
od žene za susednim stolom.
Njegov pristup ne uspeva.
Strajk pljuje na pod.
Žena odlazi.
Naručim drugo pivo, popijem pola,
zagledam se u Strajka dok ne odvrati pogled
i naprasno odlazim.
Svuda oko *Mornara* ulice su u izgradnji.
Do kuće stižem
dugim i zaobilaznim
putem.

bilo je vrlo kasno
kada sam se vozila sama u tišini
noćna vožnja

LAKI STRAJK

Kada se idući put sastanem sa Strajkom petak je 13.
U skladu s dogovorom nalazimo se u hotelu *Moskva*.
Topla je septembarska noć i kažu da je mesec pun.
Vidim Strajka kako sedi napolju,
pomno usredsređen na kameru na svom telefonu,
koja će zameniti Super-8.

Kosa mu je duža nego pre.
Pijemo pelinkovac.
Hotelski muzičar svira obrade Bitlsa na električnom klaviru,
a mi se smejemo i šalimo.
Strajk nema više dom,
ni u Briselu
ni u Beogradu.
Kažem mu da odlazim iz grada.
On puši cigarete drinka iz kutije laki strajka.

Želi da me časti večerom
i naručujemo pretenciozna jela,
preskupa i prazna u poređenju sa našim pravim kafanama.
Traži kartu vina.
Pićemo crno.
Kažem mu da izabere i on pokazuje – brunelo.
Već je pripit.

Gleda me i kaže da neće mnogi razumeti moj film,
jer sam uradila nešto što niko nije ranije
u senkama između Palestine i Izraela.
Njegove reči mi znače.

Muzičar završava smenu, preuzima devojka mlađa od mene.
Još pozadinske muzike.
Tražimo Džonija Kešah, a ona se nasmeje i kaže:
„Sledeći put."

Strajk mi kaže da mu je zabranjen pristup *Mornaru*
od našeg poslednjeg sastanka tamo.
Nakon što sam otišla, izgubio je novac koji sam mu dala
i nije hteo da plati, napravivši poslednju scenu.
Kaže mi da je kriv onaj drski mladi konobar.
A ja ga podsećam da je upravo on pljunuo na pod
naše omiljene kafane.
Kaže da mu je svejedno.
Zatim kaže da je ipak tužno, *Mornar* je najbolji.
Jedemo svoja otmena jela.
On je zamrzeo svoj film.
Kaže da ga je Marina sjebala.
Ona šalje nedovršene verzije na filmske festivale,
i ponovo su ga odbili.

Kaže da sada vidi koliko je njegov lik mačo,
da ženskim likovima nedostaje dubine.
Tvrdim da je prošlo previše vremena,
ostavljajući previše prostora za razmišljanje.

Strajk želi da me snimi crno-belo pre nego što odem.
Tražimo račun.
On navaljuje da plati.
Bacim pogled na račun i zaprepastim se cenom vina,
brunela u *Moskvi*.
8000 dinara za bocu crnog.

Pijan, Strajk izjavljuje kako neće da gleda cenu,
maše karticom.
Idem s konobarom da potvrdim i on svečano klima glavom,
„Da, gospođice, brunelo je vrlo lepo vino."
Vraćam se kod Strajka koji, nepometen,
žudi da ide na *Fijuk Sajam*.
Želi da mu se pridružim.
Fijuk, podzemni sajam umetnosti, poezije,
grafičkih romana, dizajna.
Strajkova Art brut ekipa.

Drago mu je što me izvodi,
da pravo iz boce pijemo skupo vino.
Tako se opraštamo,
dok smo ranije stalno govorili o odlasku iz Beograda,
ali ni jedno ni drugo nismo zaista otišli.

A kad ga izgubim iz vida,
nalazim ga kako sedi za šankom sa Marinom.
Marina je ostavila svoju ljubav iz Ljubljane.
Preksinoć, zbog neke sitne nesuglasice, ona ga je,
nestrpljiva, glatko otkačila.
Pita Strajka da joj plati pivo.
On pristaje.
Ona mi kaže da mastering zvuka za film u Sloveniji nije uspeo.
Vidim Strajka, koji misli da je ona to sjebala.

Marina mi kaže da me voli.
Želi da izađe napolje.
Strajk želi da ostane.
Jednom su mu i ovamo zabranili da dolazi.
On i ja ostajemo neko vreme da sedimo za šankom.

Dok se ne oprostimo.
I tada shvatimo
kako želimo da budemo ona osoba
koju onaj drugi vidi.

22. maj
četiri prilike na granitu
gledaju kako sevaju munje

OSAM MAJKI

Sanjam da dolazi rat
sa planine Avale
prema mom beogradskom domu.
Odvija se drama između Bošnjaka, Hrvata i Srba,
a kako su tenzije visoke,
sada se pojavljuju vojnici.
Kroz prozor vidim tetkinu veliku sliku totema
kako visi ispred jedne crkve.
Kiša pada nedelju dana
i ja moram da je skinem,
da je zaštitim od
vode i rata.
Ali neko drugi stiže tamo pre mene,
svija je i sklanja u crkvu.
Niko kod mene u Holandiji
kao da ne razume
pretnju i užas tog bliskog rata.
Ljudi misle da je Balkan daleko,
zaboravljaju koliko smo zapravo blizu,
i odveć su zaokupljeni svojim
životom proste sigurnosti.

Avalu prvi put posećujem s jednim glumcem,
koji se izlečio od alkoholizma
opsednutošću ajahuaskom.
On veruje da je Balkan kolevka civilizacije,
govoreći o Vinči –
matrifokalnom neolitskom društvu u jugoistočnoj Evropi,
najvećem u Evropi, tada,
uz Tripilje u Rumuniji i Ukrajini.
Dok gledam figurice iz oba društva,
neke su pune ženstvenosti, druge neobične androgenosti.
U sumrak glumac i ja ustopiramo vožnju s nekim mladićima
koji se, uzgred budi rečeno, opijaju,
dok silazimo nazad niz planinu.

Avalu ponovo posećujem na svoj 29. rođendan
kada Vanja, Andrej i Dragić dođu po mene,
i odvezemo se krivudavim drumovima na vrh planine,
u našem mirisnom beogradskom proleću.
Tu stoji spomenik
nekom neznanom vojniku,
koji je poginuo u Prvom svetskom ratu.
Tu stoje osam majki
palih vojnika.
To su kipovi Ivana Meštrovića.

Osam lica
naroda Jugoslavije:
žene
Bosne
Crne Gore
Dalmacije
Hrvatske
Slovenije
Vojvodine
Srbije
Južne Srbije.
Crne granitne majke
koje štite svoje mlade.

Dok pijemo pivo i jedemo tortu
nailazi oluja s grmljavinom.
Tu smo nas četvoro
i osam majki koje nas drže,
po dve majke na svako dete,
i ja pokušavam da se setim
privlači li granit munje,
i hoćemo li biti udareni.

U daljini seva munja,
seva bliže bliže,
a onda sevne mimo nas
i ode,
dok se grmljavina prolama nebom,
a mi se krijemo od gustih kapi kiše u grobnici
22. maja.

Sada se sve menja,
mojim projektima ovde dolazi kraj,
a besciljnost me plaši –
pogotovo u Beogradu
gde znam da bih, bez cilja,
mogla utonuti u
uzastopne hedonističke noći
i depresivne dane,
nešto što znaju mnogi od nas stranaca
koji su ovde pronašli dom.
Mada mislim da ću sigurno ostati.
Moram još da naučim jezik,
moram više da volim grad,
moram da se kupam u balkanskoj svetlosti,
i Avala doziva.

Posle manje od šest meseci
provodim svoj poslednji dan u Beogradu,
ponovo na Avali s prijateljima.
Zamolila sam ih da dođu ovamo da se pozdravimo,
ali obećanje je da će rastanak biti kratak:
da ću se vratiti.
I premda sam se odonda često vraćala
u svoj Beograd,
više ne živim tamo,
i ponekad mislim da je pitanje
odlaženja iz Beograda ili življenja u njemu,
kao pitanje odlaženja ili življenja s nekom ljubavlju.
Svi se pitamo
kako je moguće otići iz Beograda,
to je kao da se penješ na planinu koja izgleda previsoka.
Ali jednom kada zaista odemo,
pravi povratak izgleda
kao još strmiji nagib.

U međuvremenu,
neki su prestali da me zovu
svojim anđelom,
i tako oslobođena anđeoskih očekivanja,
ponovo osvajam slobodu.
I sada ovaj pali anđeo
može da se vrati da se penje na planinu.
Jedan pali anđeo i jedan pali vojnik,
koje u naručju drže Osam majki.

povratak kiši
nisam videla ptice
danas

Jugoslovenska Kinoteka. Scenes in Poetry
Shira Wolfe

Translated to Serbian by Shira Wolfe and Marko Mladenović
This edition was first published in The United Kingdom in January 2025
by The New Menard Press

Copyright © 2025 Shira Wolfe
Copyright © 2025 The New Menard Press
Cover artwork © Marija Dragojlović (*Anđeli sa zlatnim krilima*, 2015)
Photos interior © Shira Wolfe (*Belgrade Angel* & *Icarus*, 2020)
Author's photo © 2024 Iaroslav Iakubivskyi

Shira Wolfe asserts the moral right to be identified as the author of this work in accordance with the Copyright, Designs and Patents Act 1988.
A CIP catalogue record for this book is available from the British Library.

With the permission of Archipelago Books, the quotes by Mahmoud Darwish in the poem 'Tracing Darwish' are borrowed from his books *In the Presence of Absence* (New York: Archipelago Books, 2011, transl. Sinan Antoon); *Journal of an Ordinary Grief* (New York: Archipelago Books, 2010, transl. Ibrahim Muhawi); and from his poem 'The Eternity of the Cactus' in *Why Did You Leave the Horse Alone?* (New York: Archipelago Books, 2006, transl. Jeffrey Sacks).

ISBN 9789083384146
First edition, January 2025

Thank you for buying an authorized copy of this book and for complying with copyright laws by not reproducing, scanning or distributing any part of it in any form without permission of the publisher and author. The New Menard Press supports copyright. Copyright fuels creativity, encourages diverse voices, promotes freedom of speech and creates a vibrant culture. You are supporting indie writers and publishers and allowing them to continue to make books together.

Text editing by Fannah Palmer
English proofreading by Ilse van Oosten, Serbian proofreading by Ivana Lužaić
Typography by Armée de Verre Bookdesign, Ghent, Belgium
Typeset in Graveur by Juanjo Lopez and Neutraface by Christian Schwartz
Printed and bound by Patria, The Netherlands
Distribution and Sales by Booksource, Glasgow (orders@booksource.net)
InPress Ltd Newcastle upon Tyne
www.inpressbooks.co.uk

www.thenewmenardpress.com